CHRISTOPH SPÖCKER

JUPP HEYNCKES

CHRISTOPH SPÖCKER

JUPP HEYNCKES

DIE BIOGRAFIE

riva

Bibliografische Information der Deutschen Nationalbibliothek:
Die Deutsche Nationalbibliothek verzeichnet diese Publikation in der Deutschen Nationalbibliografie; detaillierte bibliografische Daten sind im Internet über **http://d-nb.de** abrufbar.

Für Fragen und Anregungen:
info@rivaverlag.de

Originalausgabe
2. Auflage 2018

Nymphenburger Straße 86
D-80636 München
Tel.: 089 651285-0
Fax: 089 652096

Redaktion: Sebastian Brück
Umschlaggestaltung: Isabella Dorsch
Umschlagabbildung: Getty Images/Alexander Hassenstein/FIFA
Satz: Daniel Förster, Belgern
Druck: GGP Media GmbH, Pößneck
Printed in Germany

ISBN Print 978-3-7423-0582-4
ISBN E-Book (PDF) 978-3-74530-140-3
ISBN E-Book (EPUB, Mobi) 978-3-74530-141-0

Weitere Informationen zum Verlag finden Sie unter

www.rivaverlag.de

Beachten Sie auch unsere weiteren Imprints unter
www.m-vg.de

INHALT

VORWORT

Es ist ein emotionaler Samstag, dieser 34. Spieltag der Fußballbundesliga. Ein weinender Jupp Heynckes sitzt vor laufenden Kameras in der Pressekonferenz. Das gab es noch nie. In den vielen Jahrzehnten, die der Mann vom Niederrhein den Fußball inzwischen prägt, hat man schon so einiges von ihm gesehen. Doch dass Jupp Heynckes in der Öffentlichkeit weint, ist ein absolutes Novum.

Man kennt den Fußballlehrer mit rotem Kopf, mit breitem Lächeln, mit tief gefurchter Stirn, mit Schalk in den Augen und mit väterlichem Wohlwollen im Blick. Zu Tränen rühren kann ihn offenbar nicht viel. Jedenfalls nicht so leicht. Doch dieser 34. Spieltag ist kein normaler Saisonabschluss. Es ist Jupp Heynckes' Abschiedsspiel in der Bundesliga, und es findet in Mönchengladbach statt – »seiner« Stadt. Nach dem Sieg der Bayern-Elf wird Heynckes im ausverkauften Stadion von 50.000 Fans würdig verabschiedet und lautstark gefeiert. Auch wenn er an diesem Tag im Mai 2013 dort unten als Bayern-Trainer auf dem Rasen steht, ist Jupp Heynckes im Herzen immer Gladbacher geblieben. Hier am linken Niederrhein hat er die Fußballkarriere begonnen. Hier ist Jupp Heynckes' Heimat.

Diese Heimat möchte er auch seinen Spielern zeigen. Deshalb nutzt Heynckes die Gelegenheit und fährt nach dem Spiel mit der ganzen Mannschaft in die »Casa de los Gatos« (»Haus der Katzen«), wie er seinen spanischen Bauernhof inmitten des idyllischen Schwalmtals nennt. Nur 14 Kilometer von Mönchengladbach entfernt liegt Heynckes' Zuhause. Hier lebt der stille Trainer zusammen mit seiner Frau Iris, seinen Katzen und natürlich seinem geliebten Schäferhund Cando.

Es kommt nicht oft vor, dass Jupp Heynckes der Öffentlichkeit einen solch intimen Einblick in sein Privatleben gewährt. Wie gesagt, es ist ein emotionales Wochenende. Sein Bundesliga-Abschied liegt hinter ihm. Am kommenden Wochenende steht das große Finale in der Champions League an. Das Ziel, auf das die Münchner seit dem verspielten Finale »Dahoam« eisern hingearbeitet haben. Da passt es gut, dass die ganze Mannschaft im Hause Heynckes noch einmal zum gemeinsamen Sauerbratenessen zusammenkommt. So locker wird man die Spieler in der kommenden Woche vorerst nicht mehr sehen. Und auch den Trainer nicht.

Es ist so etwas wie die Ruhe vor dem Sturm. Hier auf Jupp Heynckes' Bauernhof können die Profis vom FC Bayern noch ein letztes Mal entspannen, bevor es in den Endspurt der Saison geht. Jupp Heynckes kann noch einmal ausgiebig seinen Cando streicheln, ehe er sich voll und ganz auf das Ziel »Henkelpott« fokussieren muss. Ein gemeinsames Essen bei bestem Wetter in Jupp Heynckes' wunderschönem Garten, ein Gläschen Wein, ein Schlückchen Bier, noch einmal zusammen herumalbern und gemeinsam lachen, bevor sich am darauffolgenden Samstag entscheidet, wer sich die Krone des europäischen Fußballs aufsetzen kann. Die perfekte Vorbereitung, wie es scheint. Jupp Heynckes weiß, wie wichtig die menschlichen Faktoren im Fußball sind. Es geht nicht nur um Taktik und Superstars. Die

Mannschaft muss als Einheit auftreten, wenn sie erfolgreich sein will. Da sind solche Gelegenheiten wie der Hausbesuch beim Trainer von unschätzbarem Wert.

Gerade mal eine Woche später sieht man keine Tränen auf Jupp Heynckes' Gesicht. Nach dem Finalkracher seiner Mannschaft und dem Triumph in der Champions League gegen den BVB tanzt Jupp Heynckes strahlend mit seinen Spielern durch das Londoner Wembleystadion.

Freudentaumel statt Freudentränen. Spätestens jetzt gehört Jupp Heynckes zu den ganz Großen im Trainergeschäft. Zum zweiten Mal in seiner Karriere hat er die Champions League gewonnen. Mit zwei verschiedenen Vereinen. Das ist bisher außer Heynckes nur sehr wenigen gelungen. Eine Woche später setzt seine Mannschaft im Pokal noch einen drauf. Sie gewinnt als erste Bundesliga-Mannschaft das Triple und macht dem Mönchengladbacher zu seinem Karriereende damit das größte Geschenk überhaupt.

Mehr geht nicht – das ist »Don Jupp« bewusst, und so geht er nach dem sensationellen Triple-Sieg des FC Bayern in den wohlverdienten Ruhestand. Den möchte er in Schwalmtal verbringen. Mit seiner Frau Iris und Cando. Der Fußballenthusiast Jupp Heynckes zieht sich damit nach fast 50 Jahren aus dem Geschäft zurück. Und legt die Messlatte so hoch, dass sie für seine Nachfolger unerreichbar bleibt. Da muss der emeritierte Fußballlehrer schon selber aus der Rente zurückkommen und im Oktober 2017 zum vierten Mal das Ruder beim FC Bayern übernehmen – mit 72 Jahren. Ob er an seine sensationellen Erfolge anknüpfen kann, bleibt abzuwarten. Zuzutrauen ist es Jupp Heynckes in jedem Fall.

KAPITEL 1

KINDHEIT AM NIEDERRHEIN

Es ist der 9. Mai 1945, ein Tag nach Kriegsende. Die Nazis haben kapituliert, und nach den grauenvollen Jahren des Zweiten Weltkriegs kehrt der Frieden zurück nach Europa. Eine Zeit der Hoffnung, aber auch des Bangens. Vor allem in Deutschland.

In Mönchengladbach ist Familie Heynckes an diesem Tag aber mit ganz anderen Dingen beschäftigt. Für Gedanken an Krieg oder Frieden bleibt kaum Zeit. Schließlich ist Mutter Heynckes hochschwanger, ja, sie steht kurz vor der Entbindung. Man kann sich die helle Aufregung bildlich vorstellen. Sein neuntes Kind auf die Welt zu bringen, das ist beileibe keine leichte Aufgabe. Und dann auch noch im schwer versehrten Nachkriegsdeutschland, in dem die medizinische Versorgung nicht auf dem besten Stand ist.

Letzten Endes geht aber alles gut. Der Junge ist gesund und wird auf den Namen Joseph getauft. Schon bald wird man ihn auf der ganzen Welt als Jupp kennen. Bis dahin sollen aber noch einige Jahre vergehen.

Als eines von zehn Kindern kann sich Jupp Heynckes noch gut an die entbehrungsreiche Nachkriegszeit erinnern. »Wir waren eine sozial schwache Familie«, erzählt er in einem Interview mit dem *kicker*.[1] Zusammen mit seinen Geschwistern wächst er in sehr einfachen Verhältnissen auf, und jedes Kind muss damals seinen Beitrag zur Versorgung der Familie leisten.

Jupp fallen gleich mehrere Aufgaben zu. Familie Heynckes hält zwei Schweine und einige Hühner, um sich über Wasser zu halten. Nur fehlt ihnen das Geld für Futter, und so muss der kleine Jupp die Nachbarschaft nach Kartoffelschalen und anderen Essensabfällen abklappern, die er dann an die Tiere verfüttert. Er betätigt sich auch als Schrott- und Lumpensammler, klaubt alles an Alteisen und Stoffresten zusammen, was er finden kann, und versetzt es schließlich beim Lumpenhändler. Außerdem betreibt seine Mutter einen kleinen Tante-Emma-Laden. Da in der Nachkriegszeit für viele das Geld ziemlich knapp ist, zeigt sich Frau Heynckes gerne bereit, ihre Kundschaft anschreiben zu lassen. Die meisten Kunden begleichen ihre Rechnung so bald wie möglich. Aber wie immer sind auch ein paar schwarze Schafe dabei, die es mit ihren Schulden nicht so genau nehmen. Da kommt der junge Jupp ins Spiel. Er ist sozusagen der Geldeintreiber seiner Mutter. Das klingt erst einmal ziemlich unangenehm. Doch Jupp Heynckes ist kein Grobian oder Schlägertyp. Er muss nie Gewalt anwenden, vielmehr bringt er die säumigen Kunden mit Charme und Witz dazu, ihre Rechnungen zu bezahlen.

Einem weiteren Job geht Jupp auf dem Tennisplatz nach. Sonntags betätigt er sich dort als Balljunge. Für einen ganzen Tag Bälle-Aufsammeln bekommt er damals fünf Deutsche Mark.

Trotzdem bleibt »Geld« lange ein schwieriges Thema. Einmal kann er sich der junge Jupp die Eintrittskarte für eine Kinovorführung nicht leisten: Er hat nur eine Mark in der Tasche. Das ist zu wenig: Ihm fehlen zehn Pfennig.

»Wegen zehn Pfennig konnte ich den Film nicht sehen«, erzählt er in einem Interview mit der BILD-Zeitung.[2] Es ist ein prägendes Erlebnis für Jupp. Davon inspiriert, beschließt er, in Zukunft mehr Geld zur Verfügung zu haben.

Stellte sich nur die Frage: Wie? Dass er eines Tages als Fußballprofi und Erfolgscoach Millionen verdienen würde, kann Heynckes damals zwar hoffen – wissen kann er es nicht. Deshalb legt er sich einen Plan B zurecht. Er will Architekt werden und so der Armut der Kindertage entfliehen. Als Sohn eines Schmieds sieht er eine praktische Ausbildung als ersten Schritt auf diesem Weg. Und so beginnt der junge Heynckes eine Stuckateur-Lehre. Sein Herz schlägt zwar auch während der Ausbildung in erster Linie für den Fußball. Trotzdem wird Heynckes Innungsbester. Eine Zeitlang arbeitet Heynckes im Baubüro. Rückblickend glaubt er, dass er dort auch geblieben wäre – doch zum Glück kommt ihm die große Leidenschaft seines Lebens in die Quere: Schon als kleiner Steppke kickt Jupp für sein Leben gern mit anderen Kindern. Schon früh ist es sein Traum, Profi zu werden. Aber nicht irgendeiner. Bereits damals steckt sich Jupp Heynckes hohe Ziele. Unter »Nationalspieler« und »Deutscher Meister« will er sich nicht zufriedengeben. Ein prägendes Fußballerlebnis in Heynckes' Kindheit ist das *Wunder von Bern*. Als Deutschland 1954 gegen die hochfavorisierten Ungarn Weltmeister wird, ist der neunjährige Jupp live dabei. Familie Heynckes hat damals selbstredend noch keinen eigenen Fernseher. Jupp verfolgt das Weltmeisterschaftsfinale gemeinsam mit rund 100 anderen Fans auf einem kleinen Schwarz-Weiß-Gerät. Es ist fast so etwas wie ein frühes Public Viewing. Zusammen mit den anderen Kindern liegt er auf dem Fußboden und fiebert mit. Der einzige Unterschied: Heynckes' Idole sind nicht Helmut Rahn oder Fritz Walter. Sein großes Vorbild heißt Ferenc Puskás. Genauso wie der ungarische Torjäger möchte auch Heynckes später einmal spielen. Deshalb übt er ununterbrochen, verbringt seine Freizeit ausschließlich mit »pengen«, wie er es nennt, und entlockt seiner Mutter damit regelmäßiges Kopfschütteln.

»Was soll aus dem Jungen bloß werden?«, pflegt Frau Heynckes stets zu sagen.[3]

Fußballer natürlich! Das viele Training soll sich nämlich bald auszahlen. In der Jugend spielt Jupp schon als Elfjähriger für BV Grün-Weiß Holt und bekommt mit seiner Mannschaft regelmäßig von der Borussia die Hucke voll. Oft verlieren sie zweistellig. Aber Heynckes sticht schon damals aus seiner Mannschaft heraus, schießt viele Tore. Und vor allem lernt er eine ganz wichtige Lektion: Nach einer der vielen Niederlagen tröstet Betreuer Alfred Dettner den jungen Jupp. Er solle sich das Ganze nicht so zu Herzen nehmen. Niederlagen gehörten eben genauso zum Fußball wie Siege. Die aufmunternden Worte des einfühlsamen Betreuers bleiben hängen, und Heynckes lernt, dass auch im Fußball die menschlichen Aspekte im Vordergrund stehen. Es ist eine wichtige Lehrstunde in »Psychologie und Empathie«, Qualitäten, die Heynckes vor allem als Trainer unbedingt brauchen wird.[4]

Sein späterer Mannschaftskollege Herbert Laumen, der schon vor Heynckes auf dem Bökelberg – der Heimspielstätte von Borussia Mönchengladbach – spielte, kann sich noch gut an die Jugendzeit erinnern.

»Er hat nie aufgegeben«, erzählt Laumen über Heynckes.[5] Jupp sei ein unermüdlicher Kämpfer gewesen. Immer torhungrig, immer gefährlich, ein Ausnahmetalent. Nur leider eben in einer schwachen Mannschaft. »Zum Glück ist er dann zu uns gekommen«, freut sich Laumen.[6]

Ab da geht es steil bergauf für Jupp. 1962 wechselt er von der erfolglosen Gladbacher Stadtteilmannschaft Grün-Weiß Holt zur großen Borussia. Es ist der erste Schritt auf dem Weg zum Profi. Der Erfolgszug Jupp Heynckes kommt immer mehr ins Rollen. Und ist schon bald nicht mehr aufzuhalten.

KAPITEL 2

DER BÖKELBERG RUFT

Längst ist Jupp Heynckes einer der bekanntesten Trainer überhaupt. Seine Karriere als Erfolgscoach währt schon seit fast 40 Jahren – länger, als viele junge Fans den Fußball verfolgen. Kein Wunder also, dass der Spieler Jupp Heynckes vielen heutzutage gar kein Begriff mehr ist. Dabei war er ein absoluter Weltklassestürmer. Einer der besten, die Deutschland je hatte, weiß sein langjähriger Mitspieler Günter Netzer zu berichten – wie Heynckes ein »Ur-Gladbacher«. Die beiden kennen sich noch aus der Jugend. Schon mit 17 spielen sie sowohl im Verein als auch in der westdeutschen Jugendauswahl zusammen. Oft teilen sie sich im Trainingslager ein Zimmer. Auch als Netzer immer mehr in der High Society verkehrt, bleiben die beiden grundverschiedenen Typen Freunde. Dabei kommt es vor, dass Netzer in aller Herrgottsfrüh mit Freunden in Kalifornien telefoniert. Zum Beispiel mit Michael Pfleghar, über den er Raquel Welch und Tina Sinatra grüßen lässt. Zu so viel Prominenz fällt dem zurückhaltenden Zimmerkollegen Heynckes nichts mehr ein. Und an Schlaf ist von da an wohl auch nicht mehr zu denken.

Im Verein stürmt Heynckes auf Weltklasseniveau, und so gehört er auch in der Nationalmannschaft unter Helmut Schön lange zum Stammaufgebot. Mit einer kurzen Unterbrechung verbringt er seine gesamte Profizeit auf dem Bökelberg, seiner ersten großen Fußballliebe. Als einer der Protagonisten der legendären Fohlen-Elf der Siebzigerjahre schreibt er in Mönchengladbach ein Stück Fußballgeschichte.

Aufstieg in die Bundesliga

Anfangs spielt Jupp Heynckes mit Borussia Mönchengladbach noch in der Regionalliga West. Als der neue Trainer Hennes Weisweiler die erste Mannschaft übernimmt, soll Heynckes eigentlich auch mit im

Aufgebot stehen. Dummerweise ist der Borussia aber ein Transferfehler unterlaufen, und Heynckes muss noch eine Saison Reserverunde spielen. Die 44 Tore, die er in dieser Spielzeit erzielt, entgehen dem neuen Cheftrainer natürlich nicht.

»Warum hat der Jung' keinen Vertrag?«, wundert sich Weisweiler und beruft Heynckes umgehend zu den Profis. Damit gehört er ab der Saison 1964/65 zur ersten Mannschaft und steigt schon in seiner ersten Profisaison mit Gladbach in die erste Liga auf.[7] Übrigens gleichzeitig mit dem FC Bayern. Für Jupp Heynckes war das seine schönste Saison. Weder Geld noch Erfolg stehen damals im Vordergrund. Sein Vertrag beläuft sich auf 160 D-Mark im Monat. Mit Prämien bekommt er etwa 1000 Mark. Da er noch bei den Eltern lebt, gibt er den Großteil davon seiner Mutter.

»Wir haben zum Spaß gespielt. Das war traumhaft«, erinnert sich Heynckes.[8]

Gerade einmal 19 ist Jupp Heynckes in der Aufstiegssaison. Genauso wie Mannschaftskollege und spätere Fußballlegende Günter Netzer. Zusammen mit dem ein Jahr älteren Herbert Laumen bilden Heynckes und Netzer die Offensivabteilung der Borussia. Sie sind so unerfahren wie Hennes Weisweilers gesamte Mannschaft. Das Durchschnittsalter der Borussia liegt in der Saison 1964/65 gerade mal bei 20,5 Jahren.

Doch Weisweilers Jungs spielen überhaupt nicht wie eine Truppe von Grünschnäbeln. Der Trainer übernimmt die Borussia zu einer Zeit, zu der mit Uli Kohn und Karl-Heinz Mühlhausen zwei der besten Spieler den Bökelberg verlassen haben. Die Mannschaft befindet sich im Umbruch. Aber zum Glück rücken Talente wie Netzer und der wuchtige Stürmer Jupp Heynckes nach.

Was am Anfang nach einer schwierigen Saison aussieht, wird schon bald zu einem märchenhaften Jahr. Bereits am dritten Spieltag legen die Borussen mächtig vor. Der 7:3-Sieg gegen Westfalia Herne gibt gewaltig Auftrieb. Genauso wie kurz darauf das 10:1 gegen STV Horst-Emscher. Mit unglaublichen 92 Toren in 34 Spielen avanciert Gladbach schließlich zur angriffsstärksten Mannschaft der Liga. Darüber hinaus ist die Borussia die beste Mannschaft der Hin- und Rückrunde sowie das beste Auswärtsteam. Für Heynckes, der in der regulären Saison 23 Tore in 25 Spielen schießt, fühlt sich das Aufstiegsjahr wie ein »Rausch« an.[9] Dazu kommen noch sechs Treffer in der Aufstiegsrunde. Eine unglaublich starke Leistung des Stürmerjungspundes und ein Vorgeschmack auf die kommenden Jahre und ganz großen Erfolge.

In diese Zeit fällt auch die Geburtsstunde der legendären Fohlen-Elf, die vor allem in den Siebzigerjahren noch viel von sich reden machen wird. Der Begriff geht auf Wilhelm August Hurtmanns zurück. Der Sportreporter der Rheinischen Post verpasst den jungen Borussen den neuen Spitznamen aufgrund ihrer ungestümen Durchschlagskraft in der Offensive.

Der vorerst krönende Abschluss der Saison ist schließlich die Meisterschaft in der Regionalliga West durch einen fulminanten 5:2-Heimsieg gegen Rot-Weiß Essen. Die Meisterschaft allein genügt aber noch nicht für den Aufstieg. Dazu müssen die Fohlen erst noch die Aufstiegsrunde gegen Holstein Kiel, Wormatia Worms und den SSV Reutlingen siegreich überstehen. Sechs Spiele haben Jupp Heynckes und seine Mitspieler also noch zu absolvieren und möglichst auch zu gewinnen, wenn der Traum von der Bundesliga wahr werden soll. Keine leichte Aufgabe, aber eine, die die Fohlen letzten Endes erleichtert bestehen. Allerdings fällt die Entscheidung erst im letzten Spiel gegen Worms zu Hause auf dem Bökelberg. Das Auftaktspiel der Aufstiegsrunde gegen Wormatia beginnt fulminant und endet mit 5:1 deutlich zugunsten der Gladbacher. Gegen Kiel tut sich die Borussia schon schwerer. Sie kann sich letztlich aber dank des späten 1:0-Siegtreffers durch Verteidiger Egon Mildner durchsetzen. Im Hinspiel gegen Reutlingen springt für Heynckes und die Borussia nur ein 1:1-Unentschieden heraus. Dafür triumphieren die Fohlen im Rückspiel gleich mit 7:0. Nur in der folgenden Partie in Kiel ist dann der Wurm drin. Die Fohlen-Elf findet nicht in ihren gewohnten Rhythmus und verliert mit 4:2 gegen die Schleswig-Holsteiner. So wird die Sache zum Schluss noch einmal richtig spannend. Es kommt gewissermaßen zum Endspiel gegen Worms auf dem Bökelberg. Für dieses alles andere als alltägliche Aufeinandertreffen wird das Gladbacher Stadion auf 35.000 Plätze erweitert.

Die Spannung steigt, die Karten sind ruckzuck bis auf den letzten Platz ausverkauft. Und die Fohlen machen es bis zum Schluss spannend. Heynckes und Co. spielen zwar ihren gewohnt überlegenen Offensivfußball, doch am Wormser Keeper Slavko Stojanović scheitern die Gladbacher Stürmer ein ums andere Mal. Er scheint an diesem Abend unüberwindbar. Dann passiert es. In der 61. Minute fällt das 0:1 aus Sicht der Borussia. Und das ausgerechnet durch den ehemaligen Gladbacher Dieter Bedürftig. In der 69. Minute ist es dann nicht Heynckes, sondern sein Freund und Mitspieler Günter Netzer, der die Borussia mit einem Hammer aus 20 Metern erlöst. 1:1 Endstand – und der ganze Bökelberg jubelt über den geglückten Aufstieg. Die Sensation ist perfekt. Doch ist sie lediglich der Beginn einer unglaublichen Zeit, in der sich die Borussia zu einer der besten Mannschaften Europas entwickeln wird.

Jupp Heynckes leistet in der Aufstiegssaison mit seinen wichtigen Treffern einen entscheidenden Beitrag und wird sogar fast Torschützenkönig. Vor ihm stehen mit je 25 Zählern nur noch sein Teamkollege Bernd Rupp und der Düsseldorfer Peter Meyer.

Die ersten Profijahre

Am 14. August 1965 feiert Jupp Heynckes sein Bundesliga-Debüt im Borussia-Trikot. Zarte 20 Jahre ist der Stürmer des Aufsteigers damals. Es geht gegen die Borussia aus Neunkirchen. Leider gelingt Heynckes in diesem Spiel noch kein Treffer. Die Partie endet remis mit 1:1.

Eine Woche später stehen die Sterne dann deutlich zu Heynckes' Gunsten. Zusammen mit seinen Mannschaftskollegen Berti Vogts und Günter Netzer triumphiert Heynckes mit Gladbach 5:1 über Tasmania Berlin. Er selbst trägt mit zwei Treffern maßgeblich zum Sieg seiner Mannschaft bei. Es ist sein erstes Tor und auch sein erster Doppelpack in der Bundesliga. Aber noch lange nicht der letzte. Für die starke Leistung gegen die Berliner adelt ihn sogar Stürmerlegende Alfredo Di Stéfano. Er sitzt an diesem Nachmittag mit seiner Mannschaft Espanyol Barcelona auf den Rängen des Bökelbergstadions und resümiert nach dem tollen Sieg der Borussia: »Heynckes und Rupp haben mir am besten gefallen.«[10]

Dank seines unermüdlichen Einsatzes und seines einmaligen Tordrangs gelingt Heynckes beim 3:3-Unentschieden gegen Karlsruhe schon bald sein zweiter Bundesliga-Doppelpack. Genau da liegt Heynckes' Stärke. Egal ob seine Mannschaft haushoch führt oder zurückliegt – er will Tore schießen. Nur dann kann er sich so richtig über einen Sieg seiner Mannschaft freuen. Nachlassen ist Heynckes' Sache nicht. Solange das Spiel läuft, gibt er alles. Selbst wenn seine Mannschaft schon mit 9:0 vorne liegt wie am 7. Januar 1967 gegen Schalke 04, will Jupp Heynckes es noch wissen. Dabei sind die Bedingungen an diesem kalten Januartag alles andere als ideal. Vor Spielbeginn schlummert der Gladbacher Rasen noch friedlich unter einer Schneedecke. Aber auch die kann Jupp Heynckes nicht stoppen, und er pflügt von der ersten Sekunde an mit vollem Ehrgeiz durch das Weiß. Dank seines wie immer vorbildlichen Engagements gelingt ihm schon früh ein Treffer. Nach 84 Minuten führen die Fohlen dann haushoch mit 9:0. Ein Ergebnis, mit dem man mehr als zufrieden sein kann. Möchte man meinen. Jupp Heynckes hat aber noch lange nicht genug. Er stürmt auch bei dieser hohen Führung seiner Mannschaft noch genauso energisch wie zu Beginn der Partie. Und seine Mühe wird belohnt. In der 85. Minute ist es so weit: Heynckes trifft zum zweiten Mal und erhöht auf 10:0. Kurz darauf versenkt er den Ball gleich noch einmal im Kasten der Schalker. Damit gehen drei Tore auf sein Konto. Eine zufriedenstellende Leistung, selbst für den nimmersatten Jungstürmer. Heynckes' Torhunger ist damit aber noch lange nicht gestillt. In seiner gesamten aktiven Karriere sucht er stets mit eisernem Willen den Abschluss. Dabei ist er oft erfolgreich – so oft wie nur wenige Stürmer in der Bundesliga. Nur dieser eine, dieser Mann vom FC Bayern, der ist Heynckes fast immer eine Nasenspitze voraus.

In seiner ersten Bundesligasaison steht Heynckes ihm zum ersten Mal gegenüber. Die Rede ist natürlich von Gerd Müller, seinem Sturmkollegen und -kontrahenten vom FC Bayern München. Über die Jahre entwickelt sich zwischen den beiden Stürmern und ihren Teams eine Rivalität im Kampf um den Titel. Während die Mannschaften sich um die Meisterschaft duellieren, liefern sich Heynckes und Müller darüber hinaus noch einen ganz persönlichen Wettkampf: Wer erzielt die meisten Bundesligatreffer? Mal hat Müller im Kampf um die Torjägerkanone die Nase vorn, mal Heynckes. Auf Dauer ist für Heynckes zwar kein Vorbeikommen am »Bomber der Nation«, nichtsdestotrotz ist der Gladbacher einer der härtesten Verfolger des Münchners. Insgesamt kann Müller die begehrte Torschützenkanone sieben Mal gewinnen. Seine Bestmarke von 40 Treffern in einer Saison ist bis heute Bundesligarekord. Heynckes selbst wird zwei Mal Bundesliga-Torschützenkönig. Damit kann Müller das Duell deutlich für sich entscheiden.

Insgesamt erzielt Jupp Heynckes in seiner ersten Profi-Saison zwölf Treffer für seinen Verein und kann damit seinen Stammplatz im Kader von Coach Hennes Weisweiler untermauern. Am Ende steht die Borussia auf einem ernüchternden 13. Platz. In der folgenden Saison steigert Heynckes seine Leistung. Er trifft 14 Mal für die Fohlen-Elf, die in dieser Spielzeit insgesamt 70 Tore auf ihrem Konto verbuchen kann.

Das Nachwuchstalent Jupp Heynckes ist längst kein bloßes Talent mehr. Das dürfte inzwischen ganz Fußballdeutschland klar geworden sein. Er ist ein Topstürmer, der überall Begehrlichkeiten weckt. 26 Tore in 57 Bundesliga-Spielen. Eine beeindruckende Bilanz, die unter anderem das Interesse von Hannover 96 weckt. Titel kann er in seinen ersten Jahren bei der Borussia keine gewinnen. Möglicherweise ist das ein Faktor für seine Wechselbereitschaft. Letztlich spielt aber auch das liebe Geld eine Rolle. Gladbach-Manager Helmut Grashoff kann sich einfach nicht dazu durchringen, seinem Stürmer ein aus dessen Sicht ordentliches Angebot zu machen, auch wenn Grashoff selbst das ganz anders sieht. Heynckes' guter Freund und Teamkollege Günter Netzer verdient zu dieser Zeit bereits weitaus mehr als Jupp. Dabei sind die beiden gleich alt und mit ihren Qualitäten für die Borussia gleichermaßen unverzichtbar.

An sich will Heynckes den Heimatverein auch gar nicht verlassen. Das widerspricht seinem von Grund auf loyalen Naturell. Doch die Angebote der anderen Clubs sind um einiges besser als das der Borussia. 1200 D-Mark im Monat bietet ihm Hannover, plus 15.000 Handgeld. Das ist eine andere Größenordnung als auf dem Bökelberg, und Heynckes willigt schließlich ein. So können ihn die Niedersachsen für eine Rekordablösesumme in Höhe von 275.000 D-Mark erfolgreich aus Mönchengladbach abwerben. Sowohl sein Trainer Hennes Weisweiler als auch seine Mitspieler sind von Heynckes' Wechsel wenig begeistert. Sie hätten Jupp gerne weiterhin auf dem Bökelberg gesehen. Aber so ist es eben manchmal im Fußball. Man kann es nicht allen recht machen. Auch ein Jupp Heynckes nicht.

Wenn man die Zahlen von damals mit den heutigen Gehältern und Transfersummen vergleicht, wird einem schon fast schwindelig. 1200 D-Mark im Monat sind damals zwar eine Menge Geld. Die Kaufkraft von 1000 DM im Jahr 1967 würde in etwa einem heutigen Gegenwert von 2000 Euro entsprechen. Aktuell könnte man damit allerdings keinen einzigen Bundesligaprofi hinter dem Ofen hervorlocken. Und Heynckes ist damals wohlgemerkt einer der Topstürmer der Liga – so wie es zum Beispiel Robert Lewandowski vom FC Bayern heute ist. Wenn man die Spielergehälter der beiden einmal nebeneinanderstellt, erscheint das damalige Profileben gleich in einem ganz anderen Licht. Heynckes' Monatsgehalt bei den Niedersachsen würde heute in etwa 2400 Euro entsprechen. Damit käme er auf ein Jahresgehalt von 28.800 Euro. Rechnen wir das Handgeld im Wert von etwa 30.000 Euro dazu, dann käme Heynckes auf einen Gesamtverdienst von 58.800 Euro im Jahr. Runden wir das Ganze zur Vereinfachung einmal auf 60.000 auf. Robert Lewandowski verdient bei den Bayern angeblich rund 15 Millionen Euro im Jahr. Das ist das 250-fache von Jupp Heynckes' Spielergehalt bei Hannover 96. Werfen wir dann noch einen Blick auf die Ablösesumme, so trennen die beiden immer noch Welten. Heynckes geht 1967 für einen heutigen Gegenwert von etwa 550.000 Euro in die niedersächsische Hauptstadt. Wer heute Robert Lewandowski vom FC Bayern abwerben möchte, muss schon viel tiefer in die Tasche greifen. 50 Millionen Euro Marktwert hat der Stürmerstar der Bayern. Das ist die Heynckes-Ablöse mal 90.

Die 1960er-Jahre sind eben noch eine ganz andere Zeit. Die schwindelerregenden Summen, die im Profifußball heutzutage gang und gäbe sind, wären damals noch unvorstellbar. Und auch die Wechselmentalität der Spieler ist eine andere. In seiner aktiven Karriere bekommt Jupp Heynckes zwar auch immer wieder Angebote von großen Clubs, doch nach seinem Ausflug nach Hannover bleibt er der Borussia für den Rest seiner Karriere treu. Heynckes bringt den Unterschied zur heutigen Transferpolitik ganz nüchtern auf den Punkt: »[...] [D]amals war man mehr heimatgebunden.«[11]

Vor dem Wechsel nach Hannover gibt Heynckes noch einmal alles für seinen Heimatverein. In seinem Abschiedsspiel gegen Eintracht Braunschweig erzielt er den 1:0-Führungstreffer für die Borussia. Am Ende ist das leider nicht genug. Die Löwen aus Braunschweig gleichen aus und erzielen daraufhin auch noch den 2:1-Siegtreffer. Borussia Mönchengladbach wird schließlich Achter, Braunschweig Meister.

Wechsel nach Hannover

Ein neues Kapitel beginnt in Jupp Heynckes' Karriere. Die große Liebe auf dem Bökelberg ist fürs Erste Geschichte. Es ist Zeit, sich neue Aufgaben zu suchen, auch wenn ihm die Heimat sicherlich fehlt.

Heynckes ist nicht der einzige Neuzugang der Niedersachsen. Außer ihm stehen mit Hans-Josef Hellingrath und Josip Skoblar quasi zwei weitere »Jupps« im Aufgebot der 96er. Was kann da noch schiefgehen?

Vermutlich hat sich Jupp Heynckes von seinem Wechsel mehr versprochen als den zehnten Tabellenplatz unter Trainer Horst Buhtz. Genau wie das Management der 96er, das Buhtz nach dieser enttäuschenden Saison entlässt. Auch in der nächsten Spielzeit unter Zlatko Čajkovski ist das Schicksal Jupps neuer Mannschaft nicht sonderlich gewogen. Mehr als Platz elf springt in der Saison 1968/1969 für Hannover nicht heraus. Das Jahr darauf sackt die Mannschaft noch weiter ab. Diesmal erreichen die Niedersachsen unter dem neuen Trainer Hans Pilz lediglich Platz 13.

Dieses Ergebnis ist nicht nur für Hannover 96 zu wenig, sondern selbstredend auch für Stürmerstar Jupp Heynckes. Mit 25 Toren in 86 Spielen liefert er in Hannover keine wirkliche Glanzleistung ab. Aber ein Stürmer ist auch immer auf die Zuspiele seiner Mitspieler angewiesen. Insgesamt erzielt Heynckes' Team in den drei Jahren, die er für 96 spielt, gerade einmal 96 Tore. Damit ist Jupp Heynckes allein für gut ein Viertel der Treffer seiner Mannschaft verantwortlich. Für die Hannoveraner Verhältnisse der damaligen Zeit kann man Heynckes' Bilanz daher als sehr ordentlich bewerten.

In der Saison 1968 erlebt Jupp Heynckes dann auch noch einen äußerst unangenehmen Zusammenstoß. Ausgerechnet mit seinem ehemaligen Mannschaftskollegen Heinz Wittmann. Das Ganze trägt sich am 14. September zu. Hannover spielt zu Hause gegen Borussia Mönchengladbach, und Jupp Heynckes bringt seine Mannschaft mit 2:1 in Führung. Dabei erwischt er nicht nur den Ball, sondern auch den Abwehrspieler der Borussia. Wittmann bricht sich bei diesem Zusammenprall das Schien- und Wadenbein. Eine schmerzhafte Sache, die Jupp Heynckes entsetzlich leid tut. Deshalb besucht er seinen ehemaligen Mitspieler während dessen Zeit im Hannoverschen Krankenhaus, sooft er kann. Wittmann, so heißt es in Fußballerkreisen, verzeiht Heynckes den Unfall aber schon bald.

Nach drei Jahren geht seine Zeit bei Hannover schließlich zu Ende, und Jupp Heynckes kehrt voller Freude und top motiviert zurück nach Mönchengladbach. Obwohl die Zeit in Hannover sportlich betrachtet nicht zu Heynckes' Glanzzeit gehört, bleiben ihm viele »schöne Erinnerungen«.[12]

Zum ersten Mal in seinem Leben verdient er richtig gut. Jupp und seine Frau können sich sogar ihre erste Eigentumswohnung leisten. Auch Tochter Kerstin kommt 1969 in Hannover zur Welt, und das Glück der Familie Heynckes könnte wohl kaum größer sein. Kerstins Geburt ist übrigens ein ganz besonderes Geburtstagsgeschenk für Papa Jupp. Wie er selbst 24 Jahre zuvor erblickt seine Tochter am 9. Mai das Licht der Welt. Ungefähr ein Jahr später zieht Familie Heynckes zurück in die Heimat, wo bereits die ganz großen Erfolge auf den jungen Vater warten.

Rückkehr zur großen Liebe – Die legendäre Fohlen-Elf der Siebzigerjahre)

Er ist wieder da. Jupp Heynckes, der verlorene Sohn der Fohlen-Elf, ist zurückgekehrt an den Bökelberg. Endlich sind sie wieder vereint – die Spieler von damals, die gemeinsam mit Coach Hennes Weisweiler den Aufstieg gepackt haben. Jetzt kann dem gemeinsamen Erfolg nichts mehr im Wege stehen.

Und tatsächlich klappt es gleich in der ersten Saison. Weisweiler hat bereits in der Vorsaison mit Klaus-Dieter Sieloff und Luggi Müller zwei erfahrene Verteidiger nach Gladbach geholt. Dadurch wird ein Ausgleich zum kompromisslosen Offensivfußball der Fohlen geschaffen. Defensiv viel sicherer als in der vorherigen Spielzeit kann die Borussia am 30. April 1970 mit einem 4:3-Sieg gegen den HSV ihren ersten Deutschen Meistertitel an den Bökelberg holen. Als amtierender Meister nimmt die Borussia dann in der folgenden Saison zum ersten Mal am Europapokal der Landesmeister teil. Das bedeutet, es geht gegen die internationale Fußballelite. Der Traum eines jeden Spielers. Und Jupp Heynckes ist mittendrin.

Das Debüt im Landesmeister-Cup könnte gar nicht besser verlaufen. Am 16. September 1970 geht es im Auftaktspiel gegen EPA Larnaka aus Griechenland. Vielleicht nicht der ganz große Gegner. Die Fohlen nehmen die Partie dennoch ernst.

Günter Netzer macht schon vor dem Spiel klar, dass bei den Zyprioten ein Sieg herausspringen muss. Ansonsten hätten die Fohlen im Europapokal nichts verloren. Dementsprechend heiß geht die Borussia in die Partie. Nach gerade einmal sechs Minuten geht sie durch den ersten Treffer von Herbert Laumen in Führung. Dann geht es Schlag auf Schlag: Köppel trifft in der 27. Spielminute zum 2:0. Nur sieben Minuten später kracht es wieder im Kasten der Griechen. Und wieder ist es Laumen, der den Ball im Netz versenkt. Dann geht es in die Halbzeit. Nach Wiederanpfiff brauchen die Gladbacher nicht lange, um sich zu sortieren. In der 57. Minute trifft Günter Netzer zum 4:0. Horst Köppel erhöht in der 68. Minute auf 5:0. Und schließlich kommt endlich auch noch Jupp Heynckes zum Zug. Für seinen unermüdlichen Einsatz belohnt er sich selbst, indem er die Griechen in der 83. Minute mit dem 6:0 endgültig auf die Matte schickt. Ein Gala-Auftakt, sicher, aber gegen einen sehr schwachen Gegner, der der explosiv-dynamischen Fohlen-Elf rein gar nichts entgegensetzen kann.

Im Rückspiel auf dem Bökelberg kommt es sogar noch bitterer für die Griechen. Mit einer 10:0-Niederlage im Gepäck müssen sie nach dem Spiel die Heimreise antreten. Ein Schützenfest für die Borussia. Da versteht sich Jupp Heynckes' zweiter Europapokaltreffer fast von selbst. An diesem Abend trifft er für seine haushoch überlegene

Mannschaft in der 73. Minute zum 9:0. Dem Ergebnis entsprechend wird an diesem Abend ausgelassen gejubelt. Doch die Fohlen ahnen bereits, dass es so leicht nicht weitergehen wird.

Am 21. Oktober 1970 ist es so weit. Borussia Mönchengladbach empfängt den FC Everton in der zweiten Runde des Europapokals zu Hause auf dem Bökelberg. Die Borussia geht in der 35. Minute durch einen Treffer von Berti Vogts in Führung. Kendall gleicht in der 47. Minute aus. Es bleibt beim 1:1. Ein ernüchterndes Ergebnis. Aber eines, mit dem die Borussia leben kann.

Zwei Wochen später geht es für die Fohlen-Elf zum Rückspiel nach England. Nach einem absolut haltbaren Schuss von Evertons Johnny Morrissey und einem Missverständnis der Gladbacher Hintermannschaft gehen die Gastgeber bereits in der ersten Spielminute in Führung. Kurz darauf kann Wittmann einen Kopfball der Engländer in letzter Sekunde auf der Linie abwehren und damit das 2:0 eben noch verhindern. Everton macht weiter Druck, doch beim nächsten Abschluss steht Torwart Wolfgang Kleff goldrichtig und kann den Ball festhalten. Es folgt ein Freistoß für Gladbach. Ein klarer Fall für Standardexperte Günter Netzer. Seine Hereingabe kommt hoch in den Strafraum, findet Herbert Laumen, und der köpft mit viel Druck auf das gegnerische Tor. Der Keeper der Engländer kann den Ball zwar abwehren, aber Laumen kommt im Nachsetzen erneut an die Kugel und trifft in der 35. Minute zum Ausgleich. Die Engländer bleiben gefährlich. Immer wieder suchen sie Royle. Der kopfballstarke Ire setzt sich wiederholt gegen die Gladbacher Abwehr durch und kommt auch in Bedrängnis zum Abschluss. Doch Wolfgang Kleff verhindert einen erneuten Rückstand durch zwei Weltklasseparaden. Danach kommt Jupp Heynckes nach einem Schuss von Laumen durch geschicktes Nachsetzen zum Abschluss, scheitert aber am gegnerischen Torwart und rutscht auf dem nassen Rasen ins Aus. Seine

Unzufriedenheit über den verpassten Treffer ist ihm förmlich anzusehen.

Anschließend sind die Engländer wieder am Zug. Erneut ist es Morrissey, der in den Gladbacher Strafraum flankt. Und wieder sucht er den athletischen Royle. Doch Kleff ist zur Stelle und kann Schlimmeres verhindern. Das Spiel wird aufgrund des Regens immer mehr zur Schlammschlacht, und vor allem Kleff, der sich immer wieder in die Bresche werfen muss, ist bald kaum noch zu erkennen vor lauter Matsch. Hat der Gladbacher Keeper beim 1:0-Führungstreffer der Engländer überhaupt nicht gut ausgesehen, läuft er jetzt immer mehr zur Topform auf und wird für den FC Everton zum unüberwindbaren Hindernis. Dank seiner phänomenalen Leistung kann sich die Borussia in die Verlängerung retten.

Nach einer kurzen Pause geht die Partie mit Vollgas weiter. Die Engländer zeigen keine Spur von Müdigkeit und stürmen gnadenlos auf den Gladbacher Kasten zu. Gleich nach Wiederanpfiff kommen sie über den rechten Flügel, Kleff kann die Flanke per Faustabwehr vom Tor weglenken, doch der Ball ist noch nicht aus der Gefahrenzone. Morrissey setzt per Kopfball nach, Kleff ist zur Stelle und kann die Situation erneut entschärfen. Jetzt sind die Fohlen am Zug, und wieder ist es Herbert Laumen, der den Abschluss sucht. Doch er trifft leider nur die Latte. Und schon geht das Bombardement der Engländer weiter. Ein Schuss nach dem anderen kommt auf den Gladbacher Kasten zugeflogen, aber Kleff zeigt sich als Fels in der Brandung und wehrt ein ums andere Mal ab. Letztlich bleibt es beim 1:1 und die Partie geht nach hart umkämpften 120 Minuten ins Elfmeterschießen.

Die Engländer fangen an. Der Schütze zielt in die Mitte, und Kleff hält souverän. Dann läuft mit Klaus-Dieter Sieloff der erste Gladbacher zum Elfmeterpunkt. Das Publikum der Heimmannschaft gibt alles, um Sieloff abzulenken. Die Pfiffe im Stadion sind ohrenbetäubend, aber Sieloff lässt sich nicht beeindrucken. Nach einem langen Anlauf knallt er den Ball halbhoch rechts ins Tor. Unhaltbar für Keeper Rankin, der spekuliert und in die andere Richtung hechtet. Damit geht Gladbach in Führung. Everton ist wieder am Zug. Der nächste Schütze der Engländer ist Alan Ball. Auch er nimmt einen langen Anlauf und verwandelt seinen Elfmeter kompromisslos rechts unten. Wolfgang Kleff hat keine Chance, an den Ball zu kommen. Nun ist Herbert Laumen an der Reihe, doch der Torschütze zum 1:1 zeigt Nerven und legt den Ball knapp am linken Pfosten vorbei. Alles wieder offen. Der Jubel der englischen Fans ist frenetisch. Morrissey wird als nächster schießen. Er legt sich den Ball zurecht, nimmt Anlauf und hämmert das Leder so hart und schnell in den Kasten, dass Kleff kaum Zeit bleibt, zu reagieren. Damit bringt der Stürmer den FC Everton mit 2:1 in Führung. Mönchengladbachs nächster Schütze ist Jupp Heynckes. Bevor er antritt, muss er sich noch einmal umdrehen, damit der Schiedsrichter seine Rückennummer notieren kann. Dann macht sich Heynckes bereit zum Schuss. Mit einem langen Anlauf von außerhalb des Sechzehn-Meter-Raums kommt er herangebraust, trifft den Ball perfekt mit dem rechten Innenrist und verwandelt unhaltbar rechts oben.

Es ist ein wahrer Elfmeterkrimi, den die Spieler dem Publikum liefern. Dementsprechend angespannt und erwartungsvoll sind die Gesichter auf den Rängen. Die Luft im Stadion ist zum Schneiden dick. Für Everton steht nun Howard Kendall am Elfmeterpunkt und macht die Sache kurz. Nachdem er sich den Ball zurechtgelegt hat, zieht er mehr oder weniger aus dem Stand ab und haut das Leder unwiderstehlich links oben in Kleffs Kasten. 3:2 für Everton. Kann Köppel für die Borussia erneut ausgleichen? Er wählt dieselbe Ecke wie Kendall vor ihm und liegt damit goldrichtig. Rankin hechtet in die andere Ecke, und es steht 3:3. Die Torwartzone vor dem Kasten ist mittlerweile eine einzige Matschgrube, was es den Keepern nicht unbedingt leichter macht. Evertons Abwehrmann Brown entscheidet sich für die Variante Kraft statt Präzision und hämmert ein solches Pfund aufs Tor, dass Kleff keine Chance hat, den Ball zu halten. Erneut liegt Everton vorn, und die Borussia muss nachlegen. Diese Aufgabe fällt Verteidiger Luggi Müller zu. Doch Rankin hält – und wird damit zum Held des Abends. Endergebnis: 5:4 nach Elfmeterschießen. Everton ist weiter, die Borussia scheidet bereits in der zweiten Runde aus dem internationalen Wettbewerb aus.

Immerhin bleibt noch die Bundesliga. Jetzt heißt es: nach Hause fahren, Wunden lecken und sich dann mit aller Energie auf die Meisterschaft konzentrieren. Wenn sie den Titel verteidigen wollen, müssen Jupp und seine Mannschaft in Topform sein und dürfen sich keine Fehler erlauben. Denn die Konkurrenz schläft bekanntlich nie. Vor allem nicht die Rivalen aus München.

In der Hinrunde trennen sich die beiden Titelaspiranten mit 2:2. Die Borussia belegt schon früh in der Saison den ersten Tabellenplatz und kann die Führung bis zum 14. Spieltag behaupten. Dann werden sie vom FC Bayern abgelöst. Die Bayern werden Herbstmeister. In der Rückrunde gewinnt Gladbach zu Hause deutlich gegen den FC Bayern mit 3:1. Jupp Heynckes liefert Sturmpartner Ulrik le Fevre in der 56. Minute die Vorlage zum 2:0. Der souveräne Sieg der Fohlen gilt für viele als entscheidender Schritt zur Meisterschaft. Trotzdem bleibt es zwischen den beiden Kontrahenten spannend bis zum Schluss.

Ein ganz besonderes Kuriosum der Saison ist ganz bestimmt der berühmt-berüchtigte »Pfostenbruch vom Bökelberg«. Die doch etwas peinliche Angelegenheit trägt sich am 3. April 1971 zu. Gladbach empfängt den SV Werder Bremen. Es ist der 27. Spieltag, und die Borussia braucht dringend einen Sieg, um sich ein wenig Abstand von den punktgleichen Münchnern zu verschaffen. Jupp und seine Mannschaft trennt lediglich das bessere Torverhältnis von dem hartnäckigen Verfolger.

Gegen Bremen gehen die Fohlen dann recht schnell in Führung. Werder gleicht aber schon bald darauf aus. Danach passiert nicht mehr viel. Außer, dass der wuchtige Herbert Laumen im Versuch, eine Flanke zu verwerten, mit solchem Schwung angeflogen kommt, dass er mitsamt dem Bremer Torhüter Günter Bernard im Tor landet. Der Ball geht zwar daneben, dafür bricht der linke Torpfosten. Lautes Gelächter dröhnt über den Bökelberg. So etwas gab es noch nie. Aber es kommt noch dicker. Allen Bemühungen zum Trotz lässt sich der kaputte Pfosten nicht reparieren. Die Begegnung wird abgepfiffen. Im Nachhinein entscheidet ein Sportgericht und wertet das Spiel mit 2:0 zugunsten von Werder Bremen. Die Begründung: Die Borussia sei ihrer Sorgfaltspflicht nicht ausreichend nachgekommen. Der Verein hätte sich vor dem Spiel vom ordnungsgemäßen Zustand des Pfostens überzeugen müssen. Als wäre das noch nicht genug, verdonnert das Gericht den Verein obendrein noch zu einer Geldstrafe von 1500 D-Mark.

Ein harter Schlag für Heynckes und seine Kollegen. Denn das Rennen um die Meisterschaft geht ungebremst weiter, und es zählt jeder einzelne Punkt. Weisweiler bewahrt jedoch die Ruhe, und das färbt auf seine Spieler ab. In zwei hart umkämpften Partien setzen sich die Fohlen 4:3 gegen Dortmund und abermals mit 4:3 gegen Essen durch. Jupp Heynckes trifft einmal gegen Dortmund zum 2:2. Gegen Essen gelingt dem Stürmer ein toller Doppelpack zum 3:1 und 4:1.

Doch auch die Bayern gewinnen und übernehmen kurz vor Saisonende noch einmal die Tabellenführung. Das Drama spitzt sich zu. Die Meisterschaft wird sich erst am letzten Spieltag entscheiden. Und die Waage neigt sich dieses Mal zugunsten der Borussia. Am

5. Juni 1971 gewinnt Gladbach mit 4:1 gegen Eintracht Frankfurt. Jupp Heynckes ist wieder einmal entscheidend am Sieg seiner Mannschaft beteiligt. Wie schon gegen Essen erzielt der Stürmer mit der Nummer 11 die zwei Treffer zum 3:1 und 4:1.

Der Sieg allein reicht aber nicht, sollte der FC Bayern ebenfalls gewinnen. Die Münchner jedoch müssen an diesem letzten Spieltag in Duisburg eine herbe 0:2-Niederlage einstecken. Damit verteidigt Borussia Mönchengladbach als erstes Team in der noch jungen Bundesligageschichte erfolgreich den Meistertitel. Für Jupp Heynckes ist es seine erste Meisterschaft. Und zugleich auch seine schönste. Schon als kleiner Junge hat er davon geträumt, eines Tages die Meisterschale in Händen zu halten. Nun ist es endlich so weit. Zusammen mit der Mannschaft feiert er ausgelassen auf dem Spielfeld. Anschließend in der Dusche weint der sonst so stille Heynckes vor Glück. Insgesamt schießt der Stürmer in seiner ersten Meistersaison 19 Tore in 33 Einsätzen.

1971/72

In der folgenden Spielzeit kann sich Jupp Heynckes' Mannschaft nicht gegen die dominanten Bayern durchsetzen. Diesmal spielen die Münchner die Meisterschaft mit den Schalkern aus Gelsenkirchen aus. Trotz ihres Spielwillens und vorbildlichen Engagements kann die Borussia die ganze Saison über kein einziges Mal die Tabellenführung für sich beanspruchen.

Jupp Heynckes gelingen wie schon in der Vorsaison 19 Bundesligatreffer. Doch vor allem ist es die Saison des »Bombers der Nation«. Sage und schreibe 40 Mal versenkt Heynckes' Konkurrent Gerd Müller das Leder im Netz. Mit dieser einzigartigen Leistung gewinnt

Müller mit München die Meisterschale und lässt in dieser Saison keinerlei Zweifel aufkommen, wer der beste Stürmer der Liga ist. Jupp landet schließlich mit den Fohlen auf dem dritten Platz. So sichern sich die Gladbacher immerhin die UEFA-Cup-Teilnahme.

Auf der europäischen Bühne ereignet sich indessen ein ganz besonderes Kuriosum: Der »Büchsenwurf vom Bökelberg«. Ähnlich wie in der vorherigen Saison gegen Bremen spielen sich im Gladbacher Stadion skurrile Szenen ab, die von da an ihren Beitrag zur bunten Vereinshistorie der Borussia leisten. War der »Pfostenbruch vom Bökelberg« schon schmerzhaft für die Elf vom Niederrhein, so kommt es dieses Mal noch dicker.

Das Ganze trägt sich am 20. Oktober 1971 zu. Die Borussia steht im Achtelfinale des Europapokals der Landesmeister. Der Gegner ist kein geringerer als Inter Mailand. Doch die Fohlen sind in Topform und gehen bereits in der siebten Minute in Führung. Nach einem Pass in die Spitze von Günter Netzer sprintet Jupp Heynckes mit dem Ball am Fuß in den Sechzehnmeterraum. Dort lässt er Gegenspieler Giubertoni aussteigen, kommt kurz ins Straucheln, kann die Kontrolle über den Ball aber wieder erlangen und überwindet Inters Schlussmann. Mit seinem linken Fuß schiebt Heynckes den Ball im Wegrutschen rechts unten zum 1:0 ins Tor. Torwart Vieri kann nur noch hinter sich greifen. Im Gegenzug trifft Inters Goalgetter Roberto Boninsegna in der 19. Minute zum Ausgleich. Für den erneuten Führungstreffer brauchen die Borussen noch nicht mal eine Minute. Das 2:1 fällt durch einen Kopfball von le Fevre.

Dann passiert es. Es ist die 29. Spielminute. Luggi Müller gerät mit Gegenspieler Boninsegna am Spielfeldrand aneinander. Es gibt ein kurzes Gerangel, dann fällt der Italiener zu Boden. Nicht etwa, weil Müller zu fest zupackt. Nein, der Grund für Boninsegnas Schwächeanfall ist eine Coladose. In hohem Bogen segelt sie aus dem Zuschauerblock heran und trifft den Italiener mit voller Wucht am Kopf. So lautet zumindest Boninsegnas Version der Geschichte. Die Dose sei voll gewesen und habe ihm sofort das Bewusstsein geraubt, so der Stürmer. Ludwig Müller erlebt den Vorfall ganz anders. Er meint, die Dose habe Boninsegna an der Schulter erwischt und sei obendrein leer gewesen. Wer von den beiden auch immer recht haben mag, das Ergebnis des Zwischenfalls ist eine längere Spielunterbrechung. Während Boninsegna in der Kabine behandelt wird, fordern die Mannen von Inter wiederholt den Spielabbruch. Heynckes ist zwar nicht direkt in die Sache verwickelt, so ein Spektakel kann einen Spieler nichtsdestotrotz auch mal aus dem Konzept bringen.

Doch die Fohlen bleiben cool und schießen die Mailänder nach Wiederanpfiff mit einem fantastischen Kantersieg aus dem Stadion. Ein ganz besonderer Leckerbissen ist sicher Günter Netzers Freistoßtor zum 4:1. Aus 25 Metern zirkelt der Standardexperte den Ball unhaltbar in den linken Winkel. Aber auch Jupp Heynckes' Treffer aus vollem Sprint nach einem Pass von Christian Kulik kann sich sehen lassen. Aus kurzer Distanz verwandelt er die stramme Hereingabe seines Mitspielers direkt und trifft unhaltbar zum 5:1. Am nächsten Traumtor der Borussia ist Jupp als Vorbereiter beteiligt. Zuerst spielt Netzer einen feinen Außenriststeilpass auf Heynckes. Der geht ab wie der Blitz, wird aber von seinem Gegenspieler gut vom Tor ferngehalten. Doch Netzer läuft schlau mit, bekommt den Ball punktgenau von Heynckes serviert und trifft mit einzigartiger Technik in einer fast schon unnatürlich wirkenden Flugbahn zum 6:1. Kurz darauf ist es erneut Heynckes, der über die linke Seite für Gefahr sorgt. Als er in den Strafraum zieht, holt ihn sein Gegenspieler unsanft von den Beinen, und der Schiedsrichter entscheidet auf Strafstoß. Sieloff verwandelt den Elfmeter souverän und erhöht ein letztes Mal zum 7:1-Endstand.

Was für ein Traumergebnis! Doch leider sind die vielen schönen Tore ganz und gar vergeblich. Inter legt nach dem Spiel Beschwerde bei der UEFA ein und bekommt Recht. Die Partie muss wiederholt werden. Das 7:1 ist daher ungültig, und den Fohlen bleibt statt einem Sensationssieg nur ein schaler Nachgeschmack im Mund.

Das Rückspiel in Mailand können die Italiener mit 4:2 für sich entscheiden. Jupp Heynckes bleibt torlos. Und auch im Wiederholungsspiel in Berlin ist dem Stürmer der Borussia kein Glück beschieden. Die beiden Mannschaften trennen sich mit einem enttäuschenden 0:0. Damit ist er fürs Erste ausgeträumt, der Traum vom Europapokal. Auch im DFB-Pokal stolpern die Borussen. So endet Jupp Heynckes' zweite Heimkehrersaison in Mönchengladbach ohne Titel.

1972/73

Den Borussen bleibt nichts anderes übrig, als in der nächsten Saison mit Volldampf zu starten und sich auf ein Neues in das Rennen um die begehrten Titel zu stürzen. In der Liga hat von Saisonbeginn an der FC Bayern die Nase vorn. Schließlich können die Münchner den Titel souverän verteidigen und die Meisterschale ein weiteres Mal an die Isar holen. Gladbach wird lediglich Fünfter.

Aber den Fohlen bleiben ja noch der DFB-Pokal und der UEFA-Cup. Gerade international treten Jupp Heynckes und seine Mannschaft in bestechender Form auf und liefern ganz Fußballdeutschland unvergessliche und spannende Partien. In der ersten Runde geht es gegen den FC Aberdeen. Das Hinspiel findet am 13. September 1972 in Schottland statt. Trotz der Auswärtskulisse können sich die Fohlen durchsetzen und fahren mit einen 3:2-Sieg nach Hause. Jupp Heynckes trifft dabei in der 39. Minute zum 2:0.

Zwei Wochen später empfangen die Gladbacher den FC Aberdeen auf dem Bökelberg. Weisweilers Mannschaft zeigt gleich ein ganz anderes Spiel. Seine Jungs nutzen ihre Heimstärke erbarmungslos aus, spielen Angriffsfußball von Feinsten. Allen voran Stürmer Jupp Heynckes. Mit einem Hattrick trägt er maßgeblich zum 6:3-Sieg seiner Mannschaft bei, und die Borussia erreicht die nächste Runde des UEFA-Cups.

Der nächste Gegner auf dem Weg ins Finale kommt aus Dänemark und heißt Hvidovre IF. Die Gladbacher setzten sich mit 3:0 im Hinspiel und 3:1 im Rückspiel souverän gegen die Dänen durch. Im Hinspiel bleibt Jupp Heynckes torlos. Dafür dreht er im Rückspiel so richtig auf und wird mit zwei Toren und einer Vorlage zum Man of the Match.

In der dritten Runde geht es schließlich gegen den Bundesliga-Rivalen und Reviergegner Köln. Das Hinspiel in Köln endet torlos unentschieden. Das Rückspiel auf dem Bökelberg ist dann wieder einmal ein Augenschmaus. Gleich fünf Mal klingelt es im Kasten der Kölner. Jupp Heynckes gelingt in dieser Partie kein Treffer. Das wird ihm vermutlich nicht ganz schmecken, hat der Stürmer doch einen extrem hohen Anspruch an sich selbst. Letztlich zählt aber das Weiterkommen in die nächste Runde, wo sich Heynckes schon bald neue Tormöglichkeiten präsentieren.

Dank der Siege gegen Aberdeen und Hvidovre haben die Borussen jede Menge Selbstvertrauen getankt und nehmen immer mehr Fahrt auf. Die internationalen Erfolge machen Weisweilers Elf hungrig. Die Fohlen wollen unbedingt ins Finale kommen, um den ersten europäischen Titel an den Bökelberg zu holen. Allen voran natürlich Jupp Heynckes, der vom Fußball und einem unstillbaren Siegeswillen geradezu besessen ist, wie sein Freund und heutiger Co-Trainer Hermann Gerland erzählt.[13]

In der nächsten Runde schießen die Fohlen den 1. FC Kaiserslautern geradezu überfallartig aus dem UEFA-Cup. Endet das Hinspiel auf dem Betzenberg noch bodenständig mit 2:1, müssen sich die Lauterer auf dem Bökelberg mit 7:1 abfertigen lassen. Bei diesem Schützenfest gelingt Jupp Heynckes ein weiterer Dreierpack. Es ist sein zweiter im UEFA-Pokal.

Im Halbfinale geht es dann gegen Twente Enschede. Die Borussia triumphiert mit zwei hart erkämpften Siegen über die raubeinigen Holländer und sichert sich somit das ersehnte Finalticket. Vor allem das Hinspiel ist sehr ruppig, da sich die technisch unterlegenen Niederländer oft nur mit Fouls behelfen können. Beim 3:0-Heimsieg im Rückspiel ist es wieder einmal Jupp Heynckes, der seine Mannschaft mit viel Einsatz und grenzenloser Laufbereitschaft in Führung bringt. Er erzielt sowohl das 1:0 als auch den 3:0-Siegtreffer per Elfmeter.

Mit dieser Leistung geht er für seine Borussia brennend heiß und wie immer top motiviert ins Finale gegen den FC Liverpool. Im Hinspiel empfangen die Reds die Fohlen-Elf im legendären Anfield-Road-Stadion. Dass sie der Offensivtruppe aus Gladbach die Parade »verregnen« wollen, versteht sich von selbst. Dass die Partie bereits nach 30 Minuten wegen Dauerregens abgebrochen werden muss, ist aber so sicher nicht beabsichtigt. Am Tag darauf folgt das Wiederholungsspiel. Die Borussia ist chancenlos und muss mit einer 3:0-Pleite nach Hause fahren. Aber da ist ja noch das Rückspiel. Und es muss erst einmal jemand kommen, der die extrem heimstarken Fohlen auf dem Bökelberg besiegt.

Das alles entscheidende Spiel beginnt vielversprechend. Jupp Heynckes versenkt den Ball in der ersten Halbzeit gleich zweimal im gegnerischen Tor und bringt seine Mannschaft in eine optimale Ausgangslage. Das 1:0 erzielt er nach herausragender Vorarbeit von Bernd Rupp, der sich kämpferisch gegen die Verteidiger der Reds durchsetzen kann. Rupps Hereingabe vom rechten Flügel kommt absolut maßgeschneidert. Heynckes muss nur noch den linken Fuß hinhalten. Als Mannschaftsspieler, der er ist, inszeniert Heynckes keinen großen Jubel, wie es heute oft der Fall ist. Stattdessen umarmt er seinen Sturmpartner Rupp und bedankt sich für die tolle Vorlage. Das 2:0 fällt nach einem Zuckerpass von Vogts auf Bernd Rupp in der Spitze, der im Sechzehner gleich drei Abwehrspieler auf sich ziehen kann. Dadurch ist Heynckes unbewacht und versenkt den Ball nach Rupps Vorlage mit einem malerischen Schlenzer im rechten Kreuzeck.

In der zweiten Hälfte ist der gegnerische Kasten dann aber wie vernagelt, und es bleibt beim enttäuschenden 2:0-Endstand. Wie bitter muss dieser Moment gewesen sein? Insbesondere für den tragischen Helden Jupp Heynckes. Zwei Tore im Rückspiel und ein vergebener Elfmeter im Hinspiel. Hätte er den verwandelt, hätten dank der Auswärtstorregel die Fohlen den UEFA-Pokal in die Höhe stemmen können – und nicht der FC Liverpool. Aber am Ende gewinnt eben nicht der Konjunktiv, sondern die Mannschaft, die mehr Treffer erzielt. Dass Heynckes sich (zusammen mit Jan Jeuring von Twente Enschede) mit 12 Treffern als bester Torschütze des Wettbewerbs auszeichnen kann, ist in Anbetracht des verpatzten Finales wahrscheinlich nur ein schwacher Trost. Immerhin sind es trotz des bitteren Beigeschmacks gerade auch die Niederlagen, die Jupp Heynckes und seine Jungs vom Niederrhein so einzigartig machen. Nicht zuletzt, weil sie nicht selten gestärkt aus ihnen hervorgehen. Für Jupp Heynckes sind solche Enttäuschungen ein Ansporn, immer weiter an sich und seinen Fähigkeiten zu arbeiten, um beim nächsten Mal stärker und hoffentlich auch erfolgreicher aufzutreten. Mit dieser vorbildlichen Arbeitseinstellung geht der Stürmer seiner Mannschaft oft als Vorbild voran, seine Mitspieler lassen sich von seinem Enthusiasmus mitreißen und holen das Maximum aus sich heraus. Sie sind eben eine richtige Mannschaft, kein Ensemble von Einzelkönnern. Aus diesem Grund genießen sie fast schon einmalige Wertschätzung vonseiten ihrer Fans, die nicht nur im Sieg zu ihrer Borussia halten, sondern ihre Mannschaft auch in der Niederlage lieben.

Nach der verpassten Meisterschaft und der ernüchternden Niederlage auf dem internationalen Parkett spielt Jupp Heynckes' Mannschaft immerhin noch um den DFB-Pokal. Nachdem die Fohlen-Elf sich erfolgreich gegen Freiburg, Schalke, Kaiserslautern und Werder Bremen durchsetzen kann, steht sie am 23. Juni 1973 im Düsseldorfer Rheinstadion dem 1. FC Köln gegenüber. Köln gegen Gladbach – ein waschechtes Derby, das sich da im deutschen Pokalfinale anbahnt. Und ein Spiel für die Geschichtsbücher, wie sich zeigen wird.

Im Vorfeld wird natürlich wie immer bei einem großen Spiel viel geredet und spekuliert, doch sobald der Schiedsrichter das Spiel anpfeift, verlieren alle vorherigen Prognosen ihre Bedeutung. Es zählt einzig und allein, was die beiden Mannschaften dort unten auf dem Platz zeigen.

Die Borussia beginnt gut, geht in der 24. Minute durch ein Tor von Herbert Wimmer in Führung. Doch Köln gleicht aus, und die Mannschaften gehen mit einem Pausenstand von 1:1 in die Kabine. In der zweiten Hälfte holt Jupp Heynckes nach einem Foul von Jupp Kappelmann einen Strafstoß für seine Mannschaft heraus. Es gilt als ungeschriebenes Fußballgesetz, dass der Gefoulte nie selber schießen soll. Heynckes schnappt sich dessen ungeachtet den Ball, läuft an und verschießt. In der 86. Minute trifft er dann noch mal den Pfosten, aber ein Treffer ist ihm nicht vergönnt.

Das Spiel geht in die Nachspielzeit. Es droht die Verlängerung. Doch da tritt Günter Netzer auf den Plan. Weisweiler hat seinen Mittelfeldkönner nicht aufgestellt, da dieser nicht in Topform war. So zumindest die offizielle Version. Hinter den Kulissen spielten sich im Vorfeld aber noch ganz andere Szenen ab. Netzer hatte zuvor bereits seinen Wechsel zu Real Madrid fix gemacht und war dadurch bei der Borussia in Ungnade gefallen. Irgendwie muss er dann aber doch gespürt haben, dass seine Stunde gekommen ist. Als Kulik sich kurz vor Ende der regulären Spielzeit verletzt, ist es so weit. Da es Weisweiler nicht macht, wechselt sich Netzer mit den Worten »Ich spiel dann jetzt« selbst ein.[14] Davor hat er neunzig Minuten lang einen Pokalkracher von der Bank mit angesehen, der in der Geschichte seinesgleichen sucht. Es ist ein intensives Spiel mit vielen Angriffen und Höhepunkten. Dazu ist es an jenem 23. Juni drückend heiß in Düsseldorf. Netzer schwitzt schon auf der Ersatzbank und weiß, dass er das Tempo der beiden Mannschaften auf dem Feld keine neunzig Minuten durchgehalten hätte. Das muss er auch gar nicht. Nach seiner unvergesslichen Selbsteinwechslung benötigt er gerade einmal zwei Ballkontakte, um aus dem Sechzehner abzuziehen und den Ball unter die gegnerische Latte zu nageln. Unglaublich! In letzter Sekunde entscheidet Günter Netzer das Spiel, und Borussia Mönchengladbach gewinnt den DFB-Pokal. Jupp Heynckes ist der erste, der den Siegtorschützen herzt. Strahlend feiern die beiden den Triumph ihrer Mannschaft und stemmen schon kurz darauf den so schwer verdienten Pokal in die Höhe.

Neben diesem spektakulären Triumph der Borussia kann sich Torjäger Jupp Heynckes in dieser Saison auch als Einzelspieler mehrfach auszeichnen. Die Bilanz: Er wird – wie schon gesagt – Torschützenkönig des UEFA-Cups. Außerdem trifft er sieben Mal im DFB-Pokal. Nur Hannes Löhr vom FC Köln liegt mit acht Zählern noch vor dem Gladbacher. Heynckes schießt aber nicht nur viele Tore, er zeigt auch immer wieder seine außergewöhnlichen Fähigkeiten am Ball, und so wird er 1973 gleich zweimal zum Torschützen des Monats gewählt. Das erste Mal ist es sein Kabinettstück gegen Fortuna Düsseldorf am 17. Februar. An der Sechzehnerlinie entlang legt sich Heynckes den Ball mit der Hacke durch die eigenen Beine vor, lässt noch einen Düsseldorfer stehen und zirkelt den Ball mit viel Effet ins rechte Kreuzeck. Ein absolutes Traumtor.

Drei Monate später lässt Heynckes einen weiteren Leckerbissen folgen. Es ist der an anderer Stelle bereits erwähnte Treffer zum 2:0-Endstand im UEFA-Cup-Finale gegen Liverpool.

Alles in allem können Jupp und die Fohlen-Elf nach dem gewonnenen DFB-Pokalfinale auf eine gelungene Saison zurückblicken. Den UEFA-Pokal haben die Gladbacher zwar knapp verpasst. Aber was nicht ist, kann ja noch werden.

1973/74

Nach der Sommerpause und intensiver Vorbereitung geht es in die nächste Saison. Ausnahmekönner Günter Netzer hat den Bökelberg inzwischen Richtung Madrid verlassen. Später werden ihm mit Henning Jensen und Uli Stielike zwei weitere Fohlen zu den Galaktischen folgen.

Weisweiler kann den Abgang seines Mittelfeldstars aber gut kompensieren. Ja, offensiv kann die Fohlen-Elf sogar noch eine Schippe drauflegen. Mit 96 Saisontoren stellen die Mannen um Stürmerstar Jupp Heynckes einen Vereinsrekord auf. Heynckes selbst wird in der Bundesliga mit 30 Toren Torschützenkönig – als erster Borusse überhaupt. Dass er den begehrten Titel mit Gerd Müller vom FC Bayern teilen muss, ist für den Gladbacher vermutlich nicht weiter schlimm. Ebenso viele Tore zu schießen wie der beste Stürmer aller Zeiten ist schließlich eine Auszeichnung.

Was die Meisterschaft angeht, sieht es für die Borussen in der Hinrunde lange Zeit vielversprechend aus. Doch schon bald werden sie von Eintracht Frankfurt vom ersten Platz verdrängt, die kurze Zeit später für den FC Bayern das Feld räumen muss. Letztlich führt in diesem Jahr kein Weg an den Münchnern vorbei, die als erste Bundesligamannschaft zum dritten Mal in Folge Meister werden. Gladbach wird mit einem Punkt Abstand Zweiter und sichert sich damit erneut die Teilnahme am UEFA-Cup.

1974/75

Mussten die Borussen in der vergangenen Saison noch herbe Rückschläge einstecken, scheint nun endlich ihre Zeit gekommen. Der Dauerkonkurrent FC Bayern steckt in einer tiefen Formkrise und ist im Duell um die Meisterschaft schnell abgeschlagen. Das spielt der Borussia in die Karten. Schon am 17. Spieltag kann sich Jupp Heynckes' Heimatverein an der Tabellenspitze festsetzen und den ersten Platz bis zum Saisonende behaupten. Damit feiern Heynckes und die Fohlen ihre zweite Meisterschaft in fünf Spielzeiten. Mit 27 Toren schießt sich Heynckes darüber hinaus zum alleinigen Torschützenkönig – diesmal deutlich vor Gerd Müller, der wie der Rest der Münchner nicht in der Lage ist, seine übliche Leistung abzurufen. Insgesamt trifft die Fohlen-Offensive um Heynckes, Simonsen und Jensen sage und schreibe 86 Mal.

Es ist Trainer Weisweilers letzte Saison auf dem Bökelberg und zugleich seine dritte Meisterschaft mit den Fohlen, ehe er zu seiner nächsten Station beim FC Barcelona weiterzieht. Doch die Mannschaft hat nicht nur die Meisterschaft im Visier: Im UEFA-Cup wollen die Borussen die Schmach von 1973 wiedergutmachen.

Weisweilers Jungs qualifizieren sich nach einer überzeugenden Vorrunde fürs Achtelfinale. Dort treffen sie auf die Truppe von Real Saragossa, die sie in zwei Spielen einmal mit 5:0 und einmal mit 4:2 deutlich schlagen. Jupp Heynckes trifft im Hinspiel gleich zweimal. In der 24. Minute schießt er das 2:0, in der 76. Minute lässt er den 5:0-Siegtreffer folgen. Im Rückspiel legt sich Heynckes abermals voll ins Zeug und wird erneut zum zweifachen Torschützen. Auf sein Konto gehen das 2:1 in der 21. und das 4:2 in der 90. Spielminute.

Im Viertelfinale stehen die Fohlen Baník Ostrava aus der damaligen Tschechoslowakei gegenüber. Gegen das defensivstarke Team fallen die Siege der Borussia nicht so hoch aus wie zuvor gegen die Spanier. Dessen ungeachtet können sich die Fohlen dank Jupp Heynckes' Siegtreffer zum 1:0 im Hinspiel durchsetzen. Im Rückspiel auf dem Bökelberg können sie dann ihren mustergültigen Angriffsfußball durchziehen und triumphieren mit 3:1. Wie gewohnt ist auf Heynckes Verlass. Mit dem 2:0 in der 46. Minute trägt der Angreifer mit einem Tor zum Sieg der Borussia bei.

Im Halbfinale treffen Heynckes und Kollegen auf den Ligarivalen aus Köln. Aber auch diese Hürde nehmen sie mit zwei Siegen und ziehen ins UEFA-Pokalfinale ein.

Wie schon zwei Jahre zuvor heißt der Gegner FC Twente Enschede aus den Niederlanden. Damals standen sich die beiden Teams im Halbfinale gegenüber, das die Borussia mit viel Einsatz für sich entscheiden konnten. Dieses Mal ist es das Finale. Es geht um alles oder nichts. Die Nerven der Spieler und Zuschauer sind zum Zerreißen gespannt. Und dann fällt im Hinspiel auch noch Jupp Heynckes – der Torgarant der letzten Jahre – verletzungsbedingt aus. Ausgerechnet in diesem so wichtigen Spiel. Das Ergebnis ist dementsprechend unspektakulär: Ein 0:0-Remis im Düsseldorfer Rheinstadion. Nicht eben das beste Ergebnis, wenn man bedenkt, dass Enschede im Rückspiel auf den nicht zu unterschätzenden Heimvorteil bauen kann.

Das ist natürlich auch den Spielern vom FC Twente klar, und sie geben sich nach dem Unentschieden in Düsseldorf entsprechend siegessicher. Doch da haben sie ihre Rechnung ohne Jupp Heynckes gemacht. Pünktlich zum Finalrückspiel ist der Stürmerstar wieder fit und zeigt von Anfang an, was in ihm steckt. Das 1:0 von Simonsen leitet er mit einem Diagonalpass in die Spitze ein. Das nächste Tor erzielt er selbst, in klassischer Heynckes-Manier: Nach einer hohen Hereingabe kann er den Ball im Sechzehner kontrollieren, wühlt sich anschließend gegen zwei Verteidiger durch, rutscht zur Seite weg, kommt aber noch mit dem rechten Fuß an den Ball und trifft zum 2:0. Noch ganz im Torrausch jubelt Heynckes ausgelassen und wird von seinen Mitspielern ausgiebig gefeiert. Jetzt hat der Stürmer Blut geleckt und erzielt nach dem Seitenwechsel und einem wunderschönen Kombinationsspiel seiner Mannschaft ein absolutes Traumtor zum 3:0. Kurz bevor sein Gegenspieler klären kann, kommt Heynckes an den Ball und versenkt das Leder mit einem Volleykracher im rechten Kreuzeck. Doch das reicht dem so torhungrigen Stürmer noch nicht. Nach einer Flanke von der linken Seite kommt er mit dem Kopf völlig frei zum Abschluss und krönt seine herausragende Leistung mit einem Hattrick zum 4:0. Enschede gelingt dann zwar per Gewaltschuss aus knapp 30 Metern der Anschlusstreffer, aber die Borussen drehen noch einmal auf, und Heynckes gibt Jensen nach einem Sprint über den rechten Flügel um ein Haar noch die Vorlage zum 5:1. Doch bevor sein Sturmpartner an den Ball kommt, wird er von seinem Gegenspieler gelegt. Die Fohlen bekommen noch einen Elfmeter. Simonsen versenkt den Ball kompromisslos im linken Winkel, und die Borussia gewinnt mit einem sagenhaften 5:1. Es ist der höchste Sieg in einem Endspiel des UEFA-Pokals (2009 in UEFA Europa League umbenannt) – bis heute, vielleicht sogar für die Ewigkeit. Und er geht zu einem Großteil auf Jupp Heynckes' Rechnung. Ein Finale ganz nach seinem Geschmack, das seinen unbändigen Torhunger zumindest für kurze Zeit stillen kann. Natürlich hätte Heynckes diesen Erfolg nicht ohne seine Mannschaft hinbekommen. Und wohl auch nicht ohne die jahrelange Spitzenarbeit von Coach Weisweiler. Letzterer will nach dem Pokaltriumph übrigens zunächst nicht mit auf das Mannschaftsfoto, weil er den Verein ja schon bald verlassen wird. Berti Vogts überredet den Trainer, und so sind schließlich doch alle gemeinsam auf dem Siegerbild verewigt.

Jupp Heynckes wird mit elf Treffern dann auch noch Torschützenkönig des UEFA-Cups, dicht gefolgt von seinem Mannschaftskollegen Allan Simonsen, auf dessen Konto zehn Tore zu verbuchen sind. Darüber hinaus gelingt Heynckes am 23. Juli 1975 noch ein ganz besonderes Traumtor beim 6:0-Sieg gegen St. Pauli. Im Spiel gegen die Hanseaten legt Jupp eine spektakuläre Flugeinlage hin und verwandelt eine Hereingabe nach einer Ecke per Fallrückzieher. Dafür wird er in der ARD-Sportschau zum dritten Mal in seiner Karriere als Torschütze des Monats geehrt. Nicht nur das: Seine Mannschaft – die Fohlen-Elf – wird außerdem 1975 von Sportjournalisten zu Europas »Mannschaft des Jahres« gewählt.

Es ist Jupp Heynckes' erfolgreichste Saison als Spieler. Mit dem Double-Sieg in der Meisterschaft und im UEFA-Pokal schreiben Mönchengladbachs Fohlen nicht nur Vereins- und Bundesligahistorie, sie sichern sich als erster deutscher UEFA-Cup-Sieger gleich noch einen Platz in den Geschichtsbüchern des internationalen Fußballs.

1975/76

Klar, dass die Mönchengladbacher auf dieser Erfolgswelle noch eine Weile weiterschwimmen möchten. Auch unter dem neuen Trainer Udo Lattek. Jupp Heynckes selbst ist in der Mannschaft längst zum Führungsspieler avanciert. Er trägt diese Rolle zwar nie nach außen. Doch ist er mit seiner Dynamik, seiner Aggressivität und seinem unbedingten Torwillen ohne Zweifel ein Vorbild für seine Mitspieler. Eine weitere Stärke von Heynckes liegt darin, dass er den Fußball sowohl durch die Augen des Spielers als auch durch die des Trainers sehen kann. Er versteht beide Seiten, und das macht ihn für die Borussia so wertvoll.

Lattek fährt anfangs eine andere Herangehensweise als sein Vorgänger, doch der Erfolg gibt ihm recht. Die Fohlen setzen sich bereits am 12. Spieltag auf dem ersten Tabellenplatz fest und verteidigen ihn die restliche Saison über souverän. Es ist Jupp Heynckes' nunmehr dritte Deutsche Meisterschaft im Fohlen-Trikot.

So überzeugend die Borussia in der Bundesliga auftritt, so wenig Glück hat sie international. Zunächst überwindet die Mannschaft in den beiden Vorrunden sowohl den SSW Innsbruck als auch Juventus Turin – doch dann ist bereits im Achtelfinale Schluss. Ausgerechnet gegen Günter Netzers Madrilenen. Schuld daran ist aber weder Reals Überlegenheit noch Gladbachs Unvermögen. Nein, in diesem Achtelfinale des Europapokals fällt die Entscheidung nicht allein durch fußballerische Faktoren. Auch das niederländische Schiedsrichtergespann ist beteiligt, das aus Sicht vieler Beobachter ganz und gar unverständliche Entscheidungen trifft.

Dabei beginnt doch alles so viel versprechend. Heimstark, wie sie sind, gehen die Borussen im Hinspiel auf dem Bökelberg schnell in

Führung. Bereits in der zweiten Minute erzielt Jensen das 1:0. Wittkamp erhöht per Kopf zum 2:0. Doch die Madrilenen können ausgleichen und fahren letztlich mit zwei Auswärtstoren im Gepäck zurück nach Spanien. Wenn sich das mal nicht rächen wird.

Aber die Borussia beginnt auch im Estadio Santiago Bernabéu vor 120.000 Fans weltklasse. Sie zeigt sich völlig unbeeindruckt von der Atmosphäre des Madrider Hexenkessels und geht durch einen Kopfball von Jupp Heynckes in der 28. Minute in Führung. Mit dem 1:0 im Rücken geht es in die Pause, aber die Königlichen können schon in der 54. durch einen Treffer von Santillana ausgleichen. Mit diesem Ergebnis wäre Real weiter und nicht Heynckes' Borussia. Aber die Fohlen lassen nicht nach. Es läuft die 69. Spielminute, als Klinkhammers Pass Henning Jensen findet und dieser zur 2:1-Führung trifft. Der Jubel der Borussia könnte kaum größer sein, doch Schiedsrichter Leonardus van der Kroft beendet ihn jäh. Er gibt den Treffer nicht. Stattdessen pfeift er Abseits, obwohl die Fahne des Assistenten unten bleibt. Da explodiert Fohlentrainer Udo Lattek natürlich und protestiert lautstark gegen die Entscheidung des Niederländers. Das Tor zählt trotzdem nicht. Aber selbst dieser Rückschlag bringt die Fohlen-Elf nicht zum Einknicken. Die Jungs vom Niederrhein kämpfen weiter, ziehen konsequent ihr Ding durch und erzielen erneut den Führungstreffer. Diesmal ist Wittkamp der Torschütze zum 2:1. Vonseiten des Schiedsrichters gibt es keine Einwände, und die Borussen wagen schon zu jubeln. Ja, van der Kroft hat das Tor sogar schon anerkannt, als der Linienrichter anfängt, wild mit seiner Fahne zu wedeln. Er will ein Stürmerfoul von Wittkamp gesehen haben. Es ist kaum zu glauben, aber der Treffer wird den Fohlen erneut aberkannt, und so steht es zum dritten Mal an diesem Abend 1:1. Ein skurriles Ergebnis. Vor allem, weil es Madrid weiterkommen lässt und nicht die zumindest an diesem Abend bessere Borussia.

Für die Gladbacher Verantwortlichen ist das Ergebnis ein Skandal, die Fans fühlen sich von den niederländischen Unparteiischen betrogen. Ob es sich nun um einen Wettskandal, eine Retourkutsche für die Niederlage der Holländer im WM-Finale '74 oder einfach nur um zwei sehr seltsame Fehlentscheidungen handelt – niemand in Gladbach will sich so leicht mit diesem Ergebnis abfinden. Und so wie Inter Mailand seinerzeit wegen des Dosenwurfs Beschwerde einlegte, klagt nun auch Gladbach-Manager Helmut Grashoff bei der UEFA. Doch sein Protest wird abgewiesen, und es bleibt dabei: Real Madrid zieht ins Viertelfinale, die Borussia scheidet aus dem Europapokal aus. Ein bisschen Gerechtigkeit gibt es dann aber doch noch. Gewinnen können die Madrilenen den Pokal nämlich nicht. Sie scheiden im Halbfinale gegen den FC Bayern aus, der den begehrten europäischen Titel letzten Endes nach München holt.

Ein kleiner Trost geht zum Schluss dann doch noch an den Bökelberg. Obwohl sein Club bereits im Achtelfinale ausscheidet, gelingt es keinem anderen Stürmer, Jupp Heynckes in der Torschützenliste zu überholen. Mit sechs Toren ist er der beste Torjäger des Wettbewerbs. In der Bundesliga trifft er zwölf Mal.

1976/77

Die 1970er sind die großen Erfolgsjahre der Fohlen-Elf. Was unter Hennes Weisweiler begann, führt Udo Lattek fort. Mit einem zum Vorjahr weitgehend identischen Kader beginnt die Borussia schwungvoll die neue Saison und stellt mit zehn Siegen und drei Unentschieden gleich einen Punkterekord auf. Mit diesem Traumstart können sich die Borussen schon am siebten Spieltag die Tabellenführung sichern. Sie werden Herbstmeister, müssen den ersten Platz aber am 24. Spieltag an Eintracht Braunschweig abgeben. Die Löwen können sich allerdings nicht lange an der Tabellenspitze halten und werden schon bald wieder von der Fohlen-Elf verdrängt. Schließlich wird die Borussia am 21. Mai 1977 zum dritten Mal in Folge Deutscher Meister. Es ist Heynckes' vierte Meisterschaft mit der großen Liebe Mönchengladbach. Mit 19 Bundesligatreffern ist er ein weiteres Mal bester Torschütze der Fohlen-Elf.

Im Europapokal der Landesmeister geht es in dieser Saison wieder heiß her. Es ist ein wahres Wechselbad der Gefühle, das Jupp Heynckes und seine Mannschaft durchlaufen. In den beiden Vorrundenspielen kann sich die Fohlen-Elf gegen Austria Wien und den AC Turin durchsetzen und zieht ins Viertelfinale ein. Der Sieg gegen Turin im eigenen Stadion ist eine Sensation im europäischen Fußball. Zum ersten Mal gewinnt eine deutsche Mannschaft im Europapokal in Italien. Diesmal zeichnen sich die Borussen jedoch nicht durch den gewohnten Angriffsfußball aus. Sie feiern keine Schützenfeste, ziehen aber nach weiteren Siegen gegen den FC Brügge und Dynamo Kiew ins Europapokalfinale ein. Das Endspiel findet am 25. Mai 1977 in Rom statt. Der Gegner ist ein alter Bekannter. Seit der Finalniederlage im UEFA-Cup 1972 ist da noch eine Rechnung offen zwischen der Borussia und dem FC Liverpool.

Diesmal sind die Karten neu gemischt. Außerdem gibt es eine Neuerung im Spielmodus: Das Finale findet fortan nicht mehr als Hin- und Rückspiel in den jeweiligen Vereinsstadien statt, sondern wird in einem Spiel auf neutralem Boden ausgetragen. So bleibt der Borussia die Fahrt an die Anfield Road erspart. Doch leider können die Fohlen keinen Profit aus diesem Novum schlagen. Am 3:1-Endstand aus Liverpooler Sicht kann nicht einmal Ausnahmestürmer Jupp Heynckes etwas ändern. In Rom muss sich die Borussia den Engländern ein weiteres Mal geschlagen geben. Doch Heynckes und seine Jungs sind gute Verlierer. An diesem Abend ist der FC Liverpool einfach zu stark für die Borussia, und das erkennen Udo Lattek und seine Jungs an. Statt Trübsal zu blasen, sind sie stolz auf ihrer Leistung. Es passiert schließlich nicht alle Tage, dass man im Endspiel des Europapokals mitkicken kann.

1977/78

Für Jupp Heynckes ist seine letzte Saison als Spieler gekommen. Schon seit längerer Zeit plagen ihn Knieprobleme. Bereits 1976 lässt er sich an Innen- und Außenmeniskus operieren. Dabei fängt er sich eine üble Infektion ein und verbringt drei Wochen mit hohem Fieber im Krankenhaus. Mit viel Trainingseifer und Disziplin kämpft er sich zurück in den Kader und erzielt in 21 Spielen stolze 18 Treffer. Danach ist Schluss für Heynckes, die aktive Karriere geht zu Ende. Seiner großen Leidenschaft will er dennoch treu bleiben, weshalb er als 33-Jähriger – parallel zu seiner Abschlusssaison – an der Kölner Sportschule die Ausbildung zum Trainer absolviert. Genau wie die Aufgabe auf dem Rasen nimmt er auch den Trainerschein sehr ernst. Als zusätzliche Motivation schließt er mit seiner Frau Iris eine spannende Wette ab. Ehrgeizig, wie Heynckes ist, will er einen anständigen Abschluss hinlegen. Deshalb lautet die Wette folgendermaßen: Entweder er besteht die Trainerprüfung mit einer »Zwei«, oder seine Frau bekommt von ihm einen Pelzmantel im Wert von 10.000 D-Mark geschenkt. Eine verlockende Aussicht, auf die Iris Heynckes auch direkt einschlägt.

Als Heynckes schließlich die Ergebnisse der Trainerprüfung in Händen hält, muss sich die Gattin dann aber mit einem schönen Abendessen statt des prächtigen Mantels zufriedengeben. Denn Jupp hat – wie so oft – sein selbst gestecktes Ziel erfüllt und mit Endnote »gut« abgeschlossen.

Noch steht er für seinen Verein aber auf dem Platz und nicht an der Seitenlinie. Leider springt in seiner letzten Spielzeit kein Titel mehr für ihn heraus. In der Liga landet Borussia Mönchengladbach punktgleich hinter Hennes Weisweilers neuer Mannschaft, dem 1. FC Köln, auf dem zweiten Platz. Lediglich drei Tore trennen die beiden Teams.

Im Pokal der Landesmeister scheitern die Fohlen erneut am FC Liverpool. Können sie auf dem Bökelberg noch einen 2:1-Heimsieg einfahren, so ist für die Borussen an der Anfield Road wieder einmal Endstation. Jupp Heynckes bleibt in beiden Spielen torlos.

Dafür kann er in seinem Abschiedsspiel gegen Borussia Dortmund, das nicht am Bökelberg, sondern im mehr Zuschauer fassenden Rheinstadion stattfindet, noch einmal so richtig Vollgas geben. Unglaubliche fünf Treffer erzielt Heynckes in seiner letzten Partie für die Fohlen-Elf. Schon nach 27 Sekunden legt Heynckes los und trifft nach einer Hereingabe von Wimmer mit dem Kopf zum 1:0. In der zwölften Minute erhöht Jupp zum 2:0. Parallel läuft das Spiel Köln gegen St. Pauli. Wenn die Borussen nur genug Tore schießen, können sie die Kölner vielleicht noch einholen. Unermüdlich geht es weiter. Ein ums andere Mal schlägt das Leder im Tor des BVB ein. Jupp Heynckes macht mit dem 5:0 seinen Hattrick perfekt. Aber das reicht dem Stürmer noch nicht. Mit 6:0 für Gladbach geht es in die Pause. In der 57. Minute geht das Torfestival weiter. Wieder ist es Heynckes, der per Kopfball zum 7:0 trifft. Mittlerweile wehren sich die Dortmunder kaum noch, und das Spektakel setzt sich unermüdlich fort. Nielsen trifft zum 8:0, Del Haye erhöht abermals. Und auch Heynckes setzt noch einen drauf. Nach einem Freistoß seiner Mannschaft zwingt er den Ball mit schierer Willenskraft ins Tor. Es ist sein fünfter Treffer in dieser Partie. Damit steht es 10:0.

Die Borussia lässt aber nicht locker und gewinnt letztlich mit 12:0 in Düsseldorf. Es ist der höchste Bundesligasieg aller Zeiten, aber leider nicht genug, um noch an den Kölnern vorbeizukommen. So wird Jupp Heynckes mit seiner Mannschaft knapp Vizemeister. Und das geht für ihn voll und ganz in Ordnung. Er gönnt den Kölnern den Meistertitel und beendet seine aktive Karriere hochzufrieden.

»Für mich war es ein wunderbarer Ausstieg«, zieht Heynckes Bilanz. Und macht sich schon bald auf zu neuen Aufgaben.

Seine Bundesligabilanz kann sich bis heute sehen lassen. In 369 Spielen erzielt Heynckes 220 Tore und ist damit hinter Gerd Müller und Klaus Fischer der drittbeste Bundesligatorjäger aller Zeiten. Für die Borussia schießt Heynckes das Runde satte 195 Mal ins Eckige und ist damit bis heute der unangefochtene Rekordtorschütze des Vereins. In den diversen europäischen Wettbewerben bringt es Jupp auf sagenhafte 51 Tore in 64 Spielen. Besser ist nur Gerd Müller. In der Torschützenliste des UEFA-Cups teilt sich Heynckes den dritten Platz mit Dieter Müller. Beide treffen 29 Mal in diesem Wettbewerb. Besser sind lediglich der Schwede Henrik Larsson und der Brasilianer »Waldo« Machado da Silva.

Als er 1978 die Fußballschuhe gegen das Taktikbrett eintauscht, gibt es einen ungewöhnlich emotionalen Moment. Sein langjähriger Mitspieler und Freund Berti Vogts gibt Jupp Heynckes einen saftigen Schmatzer auf die Lippen. Ein Schnappschuss für die Ewigkeit, der schon damals zeigt: Es steckt doch viel mehr Gefühl und Humor in dem ruhigen Rheinländer Jupp Heynckes, als man gemeinhin vermuten möchte.

Europameister und Weltmeister

Jupp Heynckes ist nicht nur eine Bundesligalegende und erfolgreicher Goalgetter des europäischen Vereinsfußballs. Seit 1967 ist er auch fester Bestandteil der Deutschen Nationalmannschaft. In seiner acht Jahre währenden DFB-Karriere bringt er es auf 14 Treffer in 39 Partien. Doch es sind nicht die individuellen Leistungen, die seine Zeit in der National-Elf unvergesslich machen, es sind seine Beiträge zu den Mannschaftsleistungen, die damit verbundenen Erfolge bei den großen Turnieren – und vor allem die Kameradschaft.

Berti Vogts beschreibt seinen langjährigen Teamkollegen einmal als ehrlichen Egoisten. Doch in der Nationalmannschaft muss er sich unterordnen, auch wenn es ihm wehtut. Mit seiner persönlichen Bilanz aus der damaligen Zeit ist er alles andere als zufrieden. Da wäre doch sicher mehr drin gewesen, aber er macht Trainer Helmut Schön keinen Vorwurf.

Seine Karriere in der Nationalmannschaft beginnt im Februar 1967. Ein Freundschaftsspiel gegen Marokko steht an, und Heynckes trifft gleich in seinem Debüt zum 4:1-Sieg seiner Mannschaft. Im nächsten Match, diesmal gegen Bulgarien, sorgt der 21-Jährige mit dem 1:0-Siegtreffer für die Entscheidung. Der Wechsel in der Bundesliga zu Hannover 96 tut seiner Laufbahn in der DFB-Auswahl nicht gut. Trotz seiner guten ersten Spiele kommt Heynckes in den nächsten drei Jahren nur auf einen einzigen Einsatz für Deutschland. Als er schließlich 1970 zur Borussia zurückkehrt, stellt ihn Bundestrainer Helmut Schön wieder häufiger auf.

Bei der Europameisterschaft 1972 in Belgien ist Heynckes Stammspieler. Zwar spielt er nicht auf seiner gewohnten Mittelstürmerposition, da ist Gerd Müller gesetzt. Dafür bekommt er den Platz als

Rechtsaußen mit jeder Menge Freiheiten. Instinktiv zieht er immer wieder in die Mitte, sucht durch seine feine Spielintelligenz und herausragende Athletik unermüdlich freie Räume und ist immer auf der Suche nach dem Abschluss. Durch seine frei interpretierte Sonderrolle verändert sich Helmut Schöns übliches 4-3-3 zu einer recht exotischen 4-3-1-2-Taktik.

Das legendäre Viertelfinale der EM muss Heynckes dann trotz guter Leistungen von der Bank aus mitverfolgen. Die Mannschaft siegt mit 3:1. Ohne Jupp. Das schmerzt. Im Halbfinale ist er dann aber wieder dabei. Mit 2:1 können sich die Deutschen gegen Gastgeber Belgien durchsetzen und ziehen ins Finale ein. Es wird Jupp Heynckes' wichtigstes Match als Nationalspieler: Helmut Schöns Mannschaft triumphiert gegen die Sowjetunion mit 3:0. Jupp Heynckes kann zwar kein Tor erzielen, dafür legt er Gerd Müller zum 1:0 auf, liefert die Vorlage für Wimmers 2:0 und ist auch am 3:0 durch Schwarzenbeck als Vorarbeiter beteiligt. Groß gefeiert wird der Titel aber nicht. Heynckes gönnt sich nach dem EM-Triumph mit seiner Frau und Freunden in Brüssel ein schönes Essen im Restaurant, danach geht es auch schon nach Hause.

Zwei Jahre später findet die Weltmeisterschaft in Deutschland statt. Was für ein Ereignis! Helmut Schöns Mannschaft um Franz Beckenbauer und Günter Netzer schafft die Sensation und gewinnt den begehrten Titel im eigenen Land. Nur Jupp Heynckes kann sich nicht so recht über den Erfolg freuen. Nachdem er sich bereits im zweiten Spiel gegen Australien am Innenband verletzt, muss er die nächsten Spiele aussetzen. Zum Finale gegen die Niederlande ist er dann zwar wieder fit, aber Trainer Schön gibt Bernd Hölzenbein den Vorzug. Untereinander machen die beiden zwar aus, dass sich Hölzenbein für die letzten zehn Spielminuten auswechseln lassen würde, damit Heynckes auch noch zu einem Einsatz im WM-Finale kommt. Doch der Spielverlauf lässt das nicht zu, und Heynckes fährt zwar als Weltmeister, aber dennoch maßlos enttäuscht nach Hause. Er macht Schön zwar keine Vorwürfe, findet, der Bundestrainer habe die richtige Entscheidung getroffen. Da er das Finale aber nur von der Ersatzbank verfolgen kann, fühlt sich Heynckes »nie richtig als Weltmeister«.[15]

Zwei Jahre später geht seine Nationalmannschaftskarriere dann aufgrund von Verletzungsproblemen zu Ende. Obwohl er Teil der wohl besten deutschen National-Elf aller Zeiten war und mit Legenden wie Sepp Maier, Günter Netzer und Uli Hoeneß Europa- und Weltmeister wurde, bleibt für Heynckes doch ein Schatten über seiner Zeit im DFB-Team. Er weiß vermutlich, dass mehr drin gewesen wäre und einfach ein Quäntchen Glück gefehlt hat. Nicht zuletzt deshalb bleibt Jupp Heynckes die Zeit bei der Borussia viel strahlender in Erinnerung. Ein Gutes hat die WM für ihn aber doch. Wie er es auch später als Trainer zu tun pflegt, zieht er aus seiner Enttäuschung ein unglaubliches Maß an Motivation. Und feiert im Anschluss seine erfolgreichste Saison mit der Borussia. Meister und UEFA-Cup-Sieger, Torschützenkönig und einer der zehn besten Spieler in ganz Europa. Viel mehr »Superlativ« geht nicht.

KAPITEL 3

JUPPS TRAINERZEIT

So erfolgsverwöhnt der Spieler Jupp Heynckes ist, so steinig ist der Anfang als Trainer. Bis er seine ersten Trainererfolge feiern kann und schließlich vom Nimbus des Großmeisters und gelassenen Gentlemans umgeben ist, ist es noch ein langer Weg. Doch wie Heynckes immer wieder betont, gehört es zu seinem Charakter, aus Enttäuschungen Motivation zu ziehen.

Und davon gibt es auf seiner langen Trainerlaufbahn weiß Gott genug. Immer wieder weht ihm auch vonseiten der Spieler und der Medien steifer Gegenwind um die Nase. Von vielen Spielern wird er als Schleifer gefürchtet, von manch anderem als inkompetent und stur, ja sogar als Unterdrücker bezeichnet. Das wird sich zwar im Laufe der Jahre wandeln, aber eines stimmt ganz sicher: Der Trainer Jupp Heynckes ist nicht leicht zu durchschauen und nur schwer einzuschätzen. Er lässt sich nicht gern in die Karten blicken. Kein Wunder, schließlich will Heynckes gewinnen. Immer und um jeden Preis. Das macht es seinen Spielern nicht immer einfach. Doch schlussendlich wird ihm der Erfolg recht geben.

Cheftrainer auf dem Bökelberg

Seinen ersten Trainerposten bekommt er 1978 bei seiner geliebten Borussia. Als Assistent von Udo Lattek kann er ein Jahr lang von dem routinierten Trainer lernen, bevor er die Fohlen als Cheftrainer übernehmen soll.

Und so viel sei vorneweg gesagt: Es ist kein leichtes Erbe, das Heynckes da antritt. Nach zehn Jahren Spitzenfußball, sowohl in der Bundesliga als auch auf dem internationalen Parkett, sind die Erwartungen hoch. Außerdem rückt er früher als geplant auf den Posten des Cheftrainers. Eigentlich ist es mit Gladbach-Manager Grashoff so abgesprochen, dass Heynckes erst 1980 die sportliche Verantwortung bei der Borussia übernehmen soll. Als Udo Lattek davon erfährt, kommt es zum Streit. Dass er schon bald von einem Trainer-Grünschnabel wie Jupp Heynckes ersetzt werden soll, schmeckt Alphawolf Lattek überhaupt nicht. Daher zieht er nach der ersten gemeinsamen Saison mit Heynckes die Reißleine und wechselt nach München.

Als Jupp Heynckes in der Saison 1979/80 mit gerade einmal 34 Jahren zum Cheftrainer der Fohlen-Elf befördert wird, ist er der damals jüngste Coach der Bundesliga. Passenderweise trainiert er auch die jüngste Elf der damaligen Zeit und mausert sich entgegen einiger kritischer Stimmen schon bald zu »dem« Trainertalent schlechthin. Dabei fordert er eine hohe Disziplin von seinen Spielern, lässt sie viel Ausdauertraining absolvieren und tritt innerhalb der Mannschaft sehr autoritär auf. Der Spaß am Fußball weicht immer mehr dem Erfolgsdruck. Seine Arbeit bereitet ihm dennoch Freude, doch das Trainerdasein ist etwas ganz anderes als das unbeschwerte Spielerleben.

Jupp Heynckes hat große Visionen und legt auch als Trainer einen einzigartigen Ehrgeiz an den Tag. Er will die Borussia wieder zu einer Spitzenmannschaft machen, nachdem sie in der Vorsaison trotz UEFA-Cup-Triumph gegen Belgrad in der Liga nur Zehnter wurde. Dabei kommt es Heynckes zugute, dass er sich schon als Spieler viele Gedanken über das Trainergeschäft gemacht hat. Schon früh ist ihm aufgefallen, was vielen Trainern fehlt: Sie waren zwar fachlich top, vernachlässigten in seinen Augen aber die persönliche Beziehung zu den Spielern.

»Technik und Taktik sind zweitrangig, wenn man gute Spieler hat«, bringt Heynckes seine Philosophie auf den Punkt.[16]

In seinem Umgang mit den Spielern legt er großen Wert auf Zuwendung und Verständnis. Und doch verlangt er ihnen auf dem Platz viel ab und gilt bei vielen seiner Spieler als angespannter und pedantischer Schleifer. Dazu kommt dann noch seine berühmt-berüchtigte Dünnhäutigkeit, die ihm innerhalb der Mannschaft schnell den Spitznamen »Osram« einbringt. Wie die gleichnamige Glühbirne fängt auch Jupp Heynckes' Kopf oft wie auf Knopfdruck an zu strahlen. In Drucksituationen schießt ihm schnell das Blut bis in die Ohren.

Als seinem Spieler Wolfram Wuttke dieser Spitzname einem Reporter gegenüber herausrutscht, greift die Sportpresse ihn umgehend auf. Der Spitzname verbreitet sich in Windeseile, und Heynckes ist von da an in ganz Fußballdeutschland als »Osram« bekannt. Schnell wird der Spitzname zum gern benutzten Angriffspunkt seiner Kritiker. Heute schießt dem routinierten Triple-Trainer nicht mehr so schnell das Blut in den Kopf, doch in seinen ersten Trainerjahren sieht man ihn oft mit knallroter Birne am Spielfeldrand oder bei Pressekonferenzen. Dies geht aber nicht, wie viele vermuten, auf eine cholerische Ader des jungen Coachs zurück. Vielmehr muss Heynckes noch lernen, dass er als Cheftrainer auf einmal im Mittelpunkt der medialen Aufmerksamkeit steht.

Heynckes kann sein Versprechen wahr machen: In den acht Jahren als Cheftrainer auf dem Bökelberg kann er zwar nicht an den großartigen Erfolg der legendären Fohlen-Elf der Siebziger anknüpfen. Trotzdem gelingt es ihm, aus seiner jungen Mannschaft eine sehr solide Truppe zu formen, die sich meist im oberen Tabellendrittel aufhält. Ja, manchmal erinnert sie mit ihrem leidenschaftlichen Konterfußball sogar ein bisschen an die große Fohlen-Elf mit Günter Netzer, Berti Vogts und Jupp Heynckes. Fünf Mal kann sich die Elf unter Jupp Heynckes für den UEFA-Cup qualifizieren, zwei Mal soll der Kampf um den begehrten Pokal sogar eine richtig enge Kiste werden.

Und das, obwohl Heynckes die Borussia in einer heiklen Umbruchphase übernimmt. Nachdem sich mit Wimmer, Bonhof und Heynckes selbst schon in der Vorsaison drei wichtige Leistungsträger vom Bökelberg verabschiedet haben, verlassen zu allem Überfluss ein Jahr später auch noch Torhüter Wolfgang Kleff, Berti Vogts und die beiden Offensivspieler Simonsen und Köppel den Verein. Heynckes muss fast die ganze Mannschaft ersetzen. In beeindruckend kurzer Zeit gelingt es ihm, aus einer Truppe junger Talente eine Mannschaft zu schmieden, die europaweit ganz vorne mitspielen kann. Spieler wie Norbert Ringels, Calle Del'Haye und vor allem auch der junge Lothar Matthäus schlagen in Gladbach ein wie die sprichwörtliche Bombe und versetzen den Bökelberg in Begeisterung. Der langjährige Stürmer der Borussia, der jetzt auf der Trainerbank sitzt, ist über die Jahre zu einer Galionsfigur des Vereins geworden. Als Trainer wird er schnell zum Publikumsliebling. Heynckes liebt den Bökelberg, und die Fans lieben ihren Jupp.

Nur die Spieler haben manchmal ihre Mühe mit dem neuen Trainer. Einerseits lernen sie viel von dem stillen Heynckes, der den Fußball so gut kennt wie kaum ein anderer. Andererseits kann aus dem stillen Trainer auch schnell ein bedrohlich brodelnder Vulkan werden, wenn es mal nicht so läuft mit seiner Mannschaft.

Auch wenn sich Heynckes sehr ins Zeug legt und mit vollem Herzblut dabei ist, bleibt die Borussia langfristig ein vergleichsweise kleiner Club, der nicht mit den größeren und vor allem finanziell besser aufgestellten Mannschaften aus Stuttgart, Hamburg oder München konkurrieren kann. Dazu kommt die Tatsache, dass Heynckes' Club zwar Kultstatus genießt, aber ganzheitlich betrachtet doch mehr Ausbildungsverein als Titelanwärter ist. Wie schon zu seiner aktiven Zeit muss die Borussia oft ihre besten Spieler abgeben, da sie mit den verlockenden Angeboten der großen Clubs nicht mithalten kann. In den 1970ern geht insbesondere Real Madrid gerne am Bökelberg auf Shopping-Tour und kauft den Borussen die Leistungsträger weg. Heynckes ist zwar neben seiner Trainertätigkeit auch ein Top-Talentscout und holt immer wieder gute neue Spieler auf den Bökelberg, doch meist kann er sie nicht auf Dauer an seinen Verein binden.

Das Paradebeispiel ist die Verpflichtung des Ausnahmefußballers Lothar Matthäus. Als Heynckes ihn 1979 entdeckt, ist er noch Udo Latteks Co-Trainer. Auf den Tipp eines Sponsors hin entscheidet sich Heynckes, nach Herzogenaurauch zu fliegen, um sich diesen Matthäus einmal persönlich anzusehen. Der junge Franke spielt an diesem Tag gleich zweimal. Einmal für die A-Jugend und dann noch einmal am Nachmittag in der Verbandsliga. In beiden Spielen ist er der herausragende Mann, erzielt jeweils zwei Tore und hinterlässt einen extrem positiven Eindruck bei Heynckes. Darum ruft er auch noch direkt aus Herzogenaurauch bei Gladbach-Manager Grashoff an und drängt ihn, Matthäus um jeden Preis an den Bökelberg zu holen. Am nächsten Tag schon kann sich der junge Mittelfeldmann dem kritischen Blick Udo Latteks präsentieren. Wie Heynckes bereits vermutet hat, ist der Borussia-Coach sofort hellauf begeistert, und Matthäus unterschreibt sogleich einen Dreijahresvertrag.

Im Nachhinein wünscht sich Heynckes, die Borussia hätte Lothar Matthäus damals einen Zehnjahresvertrag gegeben. Schnell entwickelt sich zwischen dem Talent und seinem Entdecker eine enge Beziehung. Es ist ein echtes Vater-Sohn-Verhältnis, und Matthäus avanciert in kurzer Zeit zum absoluten Leistungsträger der Mannschaft. Nicht zuletzt, weil ihm Heynckes viel Vertrauen entgegenbringt und ihm auch in schwierigen Zeiten immer wieder den Rücken stärkt.

Matthäus ist bei seinem Transfer zu Gladbach erst 18 Jahre alt. Fußballerisch überzeugt er von Anfang an, doch abseits des Platzes hat er immer wieder Schwierigkeiten. Das bringt dem Talent zuweilen heftige Kritik ein. Zum Beispiel von Bundestrainer Jupp Derwall, der Matthäus wegen seines großen Mundwerks kritisiert. Oder auch von Berti Vogts, der Matthäus schon früh unvorteilhafte Starallüren attestiert.

Auch in persönlichen Krisen ist Heynckes für seinen Schützling da. Etwa als ihm Freundin Silvia den Laufpass gibt und Matthäus unter schwerem Liebeskummer leidet. Selbst nach seiner folgenschweren Alkoholfahrt, bei der Matthäus seinen für damalige Verhältnisse sündhaft teuren Mercedes mit 2,06 Promille in den Graben fährt, hält Heynckes zu ihm. Als die ersten Gerüchte von Unfallflucht aufkommen, reagiert Heynckes sofort. Ein Zeuge soll Matthäus am Unfallort gesehen und festgehalten haben. Da kann Heynckes nur schmunzeln. Er tut diese Aussage sofort als »Blödsinn« ab und verweist auf Lothar Matthäus' gewaltige Kraft.

»Welcher Zeuge soll den wohl festhalten?«, möchte Heynckes gerne wissen.[17] Und er behält recht. Matthäus wird später zu einer Geldstrafe in Höhe von 13.000 D-Mark verurteilt, hinzu kommt ein Führerscheinentzug. Ganze acht Monate muss Matthäus daraufhin zu Fuß gehen. Wegen Unfallflucht wird jedoch nicht weiter gegen ihn ermittelt.

Ganz dick kommt es dann für Jupp Heynckes in der Saison 1983/84. Seit fast fünf Jahren ist er nun schon Cheftrainer auf dem Bökelberg. Die Zusammenarbeit mit Matthäus dauert sogar schon ein wenig länger. Dementsprechend hart trifft ihn Matthäus' Entscheidung, zum FC Bayern München zu wechseln.

Vielleicht erinnert ihn die Sache ja an seinen eigenen Transfer von Gladbach zu Hannover Ende der Sechzigerjahre. Damals war es Weisweiler, der enttäuscht war vom Abgang seines Leistungsträgers. Jetzt bekommt Heynckes am eigenen Leib zu spüren, wie sich das anfühlt, und will den Wechsel um jeden Preis verhindern. Nach und nach entwickelt sich ein regelrechter Streit um Matthäus. Helmut Grashoff und Uli Hoeneß liefern sich dabei in der Presse einen verbalen Schlagabtausch, der nicht immer nach der feinen englischen Art abläuft.

Der Gipfel des Transferschlamassels ist erreicht, als die Borussia ihr Angebot noch einmal von 374.000 D-Mark Jahresgehalt auf 474.000 erhöht. Hoeneß reagiert erbost, bezeichnet Grashoffs Vorgehen als unmoralisch und wirft ihm vor, lediglich die Ablösesumme für Matthäus in die Höhe treiben zu wollen. Dabei ist es gar nicht Grashoff, sondern Heynckes, auf dessen Mist dieser Schachzug gewachsen ist. Die 100.000 DM extra würde nämlich nicht die Borussia beisteuern sondern ein Sponsor, den Heynckes aufgetan hat. Allerdings würde der sich nur zu 50.000 DM beteiligen, den Rest will Jupp Heynckes aus eigener Tasche obendrauf legen, wenn er dadurch nur Matthäus überzeugen kann, am Bökelberg zu bleiben. Letztendlich ist das Angebot der Bayern aber doch zu verlockend. Bis zu 800.000 D-Mark im Jahr soll Matthäus an der Isar verdienen – Werbeeinnahmen und Prämien mit eingerechnet. Wer kann es ihm verübeln, dass er bei einer solchen Summe schwach wird und zum FC Bayern wechselt? Nicht jeder ist so loyal wie Jupp Heynckes. Und auch er war es nur meistens – nicht immer, wie der bereits erwähnte Wechsel von Gladbach nach Hannover beweist.

Trotzdem ist Matthäus' Abgang eine harte Nuss für den Borussen-Coach. So viel hat er in den Jungen investiert, nicht nur fußballerisch, sondern auch persönlich. Die Vaterrolle ist nicht inszeniert. So etwas liegt Heynckes fern. Sein väterliches Verhältnis zu Lothar Matthäus ist so echt wie der Rheinländer selbst. Umso mehr schmerzt ihn das Ende der gemeinsamen Zeit. Dazu kommt noch, dass Matthäus' Wechsel ausgerechnet in eine Phase fällt, in der die Borussia endlich wieder Aussicht auf Erfolg hat.

Nachdem sie in der Vorsaison längere Zeit auf einem Abstiegsplatz rangierte, spielt sie 1983/84 ihren besten Fußball unter Trainer Heynckes. Zwar wird die Mannschaft am Ende nur Dritter in der Liga, aber das Titelrennen fällt denkbar knapp aus. Die Borussia ist in der Abschlusstabelle punktgleich mit dem Zweiten aus Stuttgart und dem Meister aus Hamburg. Die Drei-Punkte-Regel gibt es damals noch nicht, sonst wäre die Borussia sogar Zweiter geworden. Und hätte der direkte Vergleich gezählt statt des Torverhältnisses, wäre die Meisterschale in dieser Saison an den Bökelberg gegangen statt an die Elbe. Doch es hilft alles nichts.

Noch bitterer wird es dann im DFB-Pokal. Nachdem Heynckes und seine Jungs sich bis ins Endspiel kicken können, treffen sie im Frankfurter Waldstadion auf den Konkurrenten aus München. Diesmal ist es kein reines Duell unter Ligarivalen. Mit Udo Lattek auf der gegnerischen Trainerbank steht Jupp Heynckes sein ehemaliger Coach und Mentor gegenüber. Es ist ein Prestigeduell, das über die normalen fußballerischen Emotionen hinausgeht.

Wie so oft beginnt die Borussia druckvoll und dynamisch. Dank des soliden Aufbauspiels der Fohlen kann Frank Mill seine Manschaft in der 33. Minute 1:0 in Führung bringen. Obwohl die Partie standesgemäß hart umkämpft ist, sieht es lange so aus, als könnte der Underdog vom Niederrhein die Sensation gegen den großen Udo Lattek und seine Bayern perfekt machen. Doch in der 83. Minute fällt der Ausgleich durch Wolfgang Dremmler, und das Spiel geht in die Verlängerung. Nachdem sich keine der Mannschaften endgültig durchsetzen kann, kommt es zum Elfmeterschießen. Das Spiel ist ohnehin ein wahrer Krimi der Bundesligageschichte. Doch im Elfmeterschießen zeigt sich schnell, wer die stärkeren Nerven hat. Matthäus tritt als erster Schütze an. Ob er seinem zukünftigen Arbeitgeber den Pokalsieg streitig machen kann? Vor dem Spiel hat er seinem Trainer versprochen, noch einmal alles für die Borussia zu geben. Genau wie Heynckes einst vor seinem Wechsel nach Hannover.

Leider wird Matthäus an jenem dramatischen Abend weniger Glück zuteil als seinem Trainer seinerzeit. Er läuft an, zieht mit voller Wucht ab … und hämmert den Ball knapp rechts oben über die Latte. Das Ende des Lieds: Bayern gewinnt den DFB-Pokal, und die Borussia geht leer aus. Damit kann Udo Lattek das Trainerduell für sich entscheiden. Jupp Heynckes hingegen muss sich mit der Niederlage abfinden. Danach gibt es für die Mannschaft erst einmal nichts mehr zu lachen. Matthäus ist weg, der DFB-Pokal verspielt und Jupp Heynckes weiterhin auf der Suche nach seinem ersten Trainererfolg und vor allem nach Anerkennung. Doch die wird ihm noch einige Zeit verwehrt bleiben.

Trotz des spielerischen und persönlichen Verlusts, den der Matthäus-Wechsel für Heynckes bedeutet, hat das Ganze auch eine gute Seite. Denn so ein Talent ist teuer, und die Bayern verfügen über das nötige Kleingeld. Stattliche 2,35 Millionen D-Mark lassen sie sich den Transfer kosten. Für die 1980er-Jahre ist das eine fast unglaubliche Summe: die bis dahin höchste Ablöse der Bundesligageschichte und eine wohltuende Finanzspritze für die Borussia.

Heynckes hätte Matthäus wahrscheinlich trotzdem lieber behalten. Die gemeinsamen Zeiten waren aber auch großartig. Schon in der ersten Saison 1979/80 gelingt der Borussia beinahe die Sensation im UEFA-Pokal. Bereits in der zweiten Runde treffen die Fohlen auf Inter Mailand. Da ist noch eine Rechnung offen. Wir erinnern uns an das berüchtigte »Büchsenwurfspiel« auf dem Bökelberg. Das Hinspiel am Niederrhein endet mit 1:1 und fällt damit wegen der Auswärtstorregel zugunsten der Italiener aus. Im Rückspiel geraten die Fohlen in der 24. Minute durch einen Kopfballtreffer von Altobelli in Rückstand. Nach einem weiten Abschlag von Torhüter Kneib in der 33. Spielminute kommt der Neuzugang Harald Nickel an den Ball und zieht aus 30 Metern einfach mal ab. Er trifft die Kugel perfekt mit einem Dropkick und nagelt das Leder spektakulär unter die gegnerische Latte. Allein für dieses Traumtor hat sich die Rekordablöse von 1,15 Millionen DM für Nickel schon gelohnt. In der zweiten Halbzeit kann keine der beiden Mannschaften eine Entscheidung herbeiführen, das Spiel geht in die Verlängerung. In der 94. Minute ist es erneut Altobelli, der Mailand mit einem Hechtkopfball 2:1 in Führung bringt. Allzu viel Zeit bleibt den Borussen nicht mehr, und Jupp Heynckes muss sich etwas einfallen lassen, wenn er das Spiel noch gewinnen will. Mit Norbert Ringels bringt Heynckes einen Abwehrspieler. Nicht unbedingt ein Zug, den man angesichts des Rückstandes erwarten würde. Doch bekanntlich kennt der Trainer seine Mannschaft am besten.

Noch einmal will Heynckes die Kräfte der Fohlen-Elf mobilisieren und treibt seine Jungs von der Seitenlinie aus an. »Wir gewinnen das noch«, brüllt er voller Siegeswillen. »Die sind kaputt.«[18]

Wenige Minuten später bestätigt sich Heynckes' Riecher. Mit Ringels' Einwechslung liegt er goldrichtig, denn der Verteidiger hämmert den Ball nach einer Freistoßhereingabe aus kurzer Distanz unhaltbar in den linken Winkel. Damit haben die Borussen nun den Vorteil auf ihrer Seite. Mit zwei Auswärtstoren wären sie weiter, und Milan hätte das Nachsehen. Eine gute Viertelstunde ist noch zu spielen. Doch die Fohlen greifen weiter an, wollen sich nicht auf dem Unentschieden ausruhen. Und sie werden für ihren Eifer belohnt. Del'Haye wird im

Sechzehner gefoult, der Schiedsrichter pfeift Elfmeter. Zuerst ist nicht klar, wer den Strafstoß schießen soll. Normalerweise wäre Harald Nickel die erste Wahl. Doch er liegt mit Schmerzen am Boden. Schließlich kann er aber doch zum Elfmeter antreten und versenkt den Ball zum 3:1 kompromisslos im rechten Winkel.

Die Sensation ist perfekt. Jupp Heynckes zieht mit seiner Mannschaft in die nächste Runde des UEFA-Cups ein, wo sie auf CS Universitatea Craiova treffen. Mit einem 2:0 im Hinspiel und einer 0:1-Niederlage in Rumänien können sich die Fohlen erneut durchsetzen, und es geht schon bald ins Viertelfinale.

Diesmal geht es gegen den französischen Rekordmeister Saint-Étienne. Die Mannschaft um Superstar Michel Platini ist schon ein anderes Kaliber als zuvor die Rumänen. Jupp Heynckes' Mannschaft lässt sich davon jedoch nicht einschüchtern. Im Hinspiel können die Gladbacher ihre volle Offensivstärke auf den Rasen bringen und die Franzosen im eigenen Stadion mit einem 4:1-Sieg deutlich in die Schranken verweisen. Das Rückspiel auf dem Bökelberg entscheiden die Fohlen mit 2:0 ebenfalls für sich.

Nun wartet im Halbfinale ein Konkurrent aus Deutschland: der VfB Stuttgart. Diesmal ist es wieder eine engere Angelegenheit, aber Heynckes' Team setzt sich auch gegen die Schwaben durch und zieht als absoluter Underdog ins Finale ein.

Am 7. Mai 1980 ist es so weit. Ein deutsch-deutsches Endspiel im UEFA-Pokal. Die Borussia empfängt Eintracht Frankfurt zu einem denkwürdigen Final-Hinspiel auf dem Bökelberg. Für diese Partie wählt Jupp Heynckes eine für die damalige Zeit recht unorthodoxe Taktik. Statt der üblichen Manndeckung entscheidet sich der Gladbacher Trainer für eine geschickte Raumdeckung mit fester Manndeckung auf einzelnen Positionen. Außerdem lässt er seine Mannschaft Pressing spielen, was den Frankfurtern von Anfang an das Leben schwer macht.

Allgemein treten die Fohlen mit viel Druck nach vorne auf. Individuell sind die Hessen zwar besser aufgestellt, dem Teamgeist der Borussia können sie aber kaum etwas entgegensetzen. Das Mittelfeld der Frankfurter ist mit den ballsicheren Kreativspielern Bernd Hölzenbein, Ronald Borchers und Bernd Nickel top besetzt. An der starken Abwehrkette der Gladbacher beißen sich die Frankfurter Angreifer aber vorerst die Zähne aus.

Die Elf vom Niederrhein kann sich durch viel Ballbesitz auszeichnen und drängt die Eintracht immer weiter in die eigene Hälfte. Gladbach zeigt sich ungemein ballsicher, spielt kaum Fehlpässe und lässt dem Gegner nur wenig Spielanteil. Aufgrund ihrer dynamischen Spielweise und der schnellen Offensivspieler kann die Borussia immer wieder für Torgefahr sorgen. Meist ist es nur der Frankfurter Keeper, der die Führung der Fohlen mit gleich mehreren Weltklasseparaden verhindern kann. Für die Zuschauer ist das Spiel ein absoluter Leckerbissen. Was Jupp Heynckes, der das Spiel von der Trainerbank beobachtet, wohl durch den Kopf geht angesichts der vielen vergebenen Chancen seiner Mannschaft? So ganz zufrieden sieht er jedenfalls nicht aus. Denn der Trainerfuchs weiß, dass er mit der offensiven Spielweise auch ein gewisses Risiko eingeht.

Wer sie vorn nicht macht, fängt sie hinten. So lautet eine alte Fußballweisheit, die sich auch in diesem Spiel wieder einmal bewahrheiten wird: Trotz der Gladbacher Überlegenheit geht Frankfurt in der 37. Minute nach einer Ecke durch einen Kopfballtreffer von Harald Karger in Führung. Im Anschluss ist es der Gladbacher Ringels, der beinahe das 2:0 für die Frankfurter erzielt. Nach einer Hereingabe des Frankfurters Horst Ehrmantraut köpft er beim Versuch, die Situation zu entschärfen, an die eigene Latte und bringt Mitspieler wie Trainer ins Schwitzen. Die Frankfurter kommen jetzt immer besser ins Spiel. Doch auch die Gladbacher können ihren ersten Schock über den Rückstand bald abschütteln und kurz vor der Halbzeitpause durch einen Hammer von Christian Kulik ausgleichen. Der Bökelberg feiert seinen Torschützen und den Ausgleichstreffer lautstark. Dann geht es mit dem Spielstand von 1:1 in die Pause.

Zeit für Jupp Heynckes, seine Spieler erneut zu motivieren und ihnen ein paar weitere Ratschläge für die zweite Hälfte mitzugeben. Nach Wiederanpfiff sind es jedoch die Frankfurter, die schneller ins Spiel finden. Aber Wolfgang Kneib hält den Angriffen der Eintracht stand und kann eine erneute Führung der Gäste fürs Erste verhindern. In der 71. Minute überwindet Bernd Hölzenbein Kneib dann doch noch und erzielt mit einem druckvollen Kopfball das 2:1 für die Eintracht. Das lassen die Fohlen nicht auf sich sitzen. Es ist der 19-jährige Lothar Matthäus, der in der 77. Minute mit dem linken Fuß den Ausgleich erzielt. Elf Minuten später trifft Christian Kulik zum zweiten Mal, diesmal per Kopf, und erzielt damit den erlösenden 3:2-Siegtreffer für Jupp Heynckes' Borussia.

Der Schlüssel zum Erfolg ist eine Kombination aus mehreren Faktoren. Da wären zum einen hinten die moderne Viererkette und die für die damalige Zeit ungewöhnliche Raumdeckung. Dazu kommt die sehr spielstarke Doppelsechs mit Matthäus und Kulik. Ganz wichtig ist selbstverständlich auch das von Jupp Heynckes etablierte und ungemein sichere Kurzpassspiel seiner Mannschaft. Darüber hinaus verfügt die Borussia mit Del'Haye über einen ausgezeichneten, sehr quirligen Spielmacher. Entscheidend sind außerdem das konsequente Rückwärtspressing von Jupp Heynckes sowie eine allgemein sehr hohe Aggressivität.

Dieses frühe Spiel in Heynckes' Trainerkarriere ist schon ein dezenter Vorgeschmack auf die spätere Spielweise des FC Bayern. Natürlich nicht ganz so spritzig und athletisch, wie die individuell viel stärkeren Münchner einmal auftreten werden. Trotzdem gibt es mit der Doppelsechs, der Fünferkette im Spielaufbau und den sehr offensiv ausgerichteten Außenverteidigern deutliche Parallelen zur Taktik des FC Bayern unter Jupp Heynckes.

Das Hinspiel dieses UEFA-Pokalfinales gewinnen die Fohlen mit viel Kampf und Leidenschaft. Im Rückspiel unterliegen sie Eintracht Frankfurt dann schmerzhaft mit 0:1. In der Summe steht es also 3:3, aber da ist ja noch die Auswärtstorregel. Somit schlittern die Fohlen und Trainer Jupp Heynckes haarscharf an dem begehrten internationalen Titel vorbei. Dennoch schlägt sich seine Mannschaft wacker und wird für ihre beherzte Spielweise und wegen des jungen Altersdurchschnitts sogar von Nationaltrainer Jupp Derwall in Anlehnung an Manchester Uniteds blutjunge »Busby-Babes« der 1950er-Jahre mit dem Spitznamen »Heynckes-Babes« geadelt.

Den Titel haben sie verpasst, aber Derwalls Anerkennung geht sicher nicht spurlos an Jupp Heynckes vorbei. In den Folgejahren wird der Gladbacher Trainer der Spielweise seiner Mannschaft treu bleiben und den Fans weiterhin packenden Angriffsfußball bieten. Mit verfeinerter Taktik und ausgeklügelten Spielzügen. Es ist nicht zuletzt diese Detailversessenheit, gepaart mit der Tatsache, dass er nie lockerlässt, die Heynckes entgegen vieler Prognosen eines Tages zu einem der größten Trainer der Fußballgeschichte machen werden.

Auch wenn die großen Erfolge ausbleiben, hält die Borussia stets zu Heynckes, und, treu wie er ist, zeigt auch Jupp bedingungslose Loyalität gegenüber seinem Verein. Diese Loyalität zeigt sich 1986 besonders eindrucksvoll, als ihn Uli Hoeneß als neuen Bayerntrainer verpflichten will. Die beiden verbinden viele Jahre Nationalmannschaft miteinander.

Bereits 1982 hat Hoeneß seinem Freund in einem Telefongespräch prophezeit, dass er eines Tages Coach der Münchner sein würde. Hoeneß hat kurz zuvor als einziger Insasse einen schweren Flugzeugabsturz überlebt, ist mit den Gedanken aber gleich wieder beim Fußball. Als sein Freund Jupp Heynckes im Krankenhaus anruft, um ihm eine gute Genesung zu wünschen, lässt es sich Hoeneß nicht nehmen, Jupp die Zukunft vorherzusagen. 1986 ist es aber noch nicht so weit. Denn Jupp Heynckes hat seine Prinzipien und erfüllt seinen bis 1987 laufenden Vertrag bei der Borussia, ehe er schließlich doch an die Isar wechselt.

Knapp zehn Jahre später ereignet sich eine ganz ähnliche Geschichte. Nur dass es diesmal nicht der FCB aus München ist, der den Trainer Heynckes für sich gewinnen will, sondern der spanische Namensvetter aus Barcelona. Das Angebot der Katalanen ist bombastisch, und Jupp Heynckes fühlt sich sehr geehrt. Ihm winkt ein Zweijahresvertrag, und zusätzlich würde ihm der Verein 50 Millionen D-Mark als Transferbudget zur Verfügung stellen. Eine Summe, von der Heynckes damals als Trainer von Teneriffa nur träumen kann. Trotzdem lehnt er ab. Aguilar, der Finanzchef der Katalanen, gibt sich nicht geschlagen und hakt nach. Heynckes wisse aber schon, dass er es mit dem FC Barcelona zu tun habe, möchte Aguilar noch einmal wissen. Heynckes ist nicht auf den Mund gefallen und verweist Aguilar auf die Tatsache, dass er mit einem Mann spreche, der seine Verträge einzuhalten pflegt. Selbst wenn ein Club wie der große FC Barcelona an seine Tür klopft. Das ist zu viel für den Finanzchef: Er gibt auf. Barcelonas Vizepräsident Gaspart will Heynckes' Absage nicht auf sich sitzen lassen und versucht nochmals, ihn am Telefon zu überzeugen. Mit demselben Ergebnis wie zuvor bei Aguilar. Für Jupp

Heynckes sind eben weder Geld noch Prestige entscheidend. Wie gesagt, er ist ein Mann mit Prinzipien. Und die findet man gerade im Profifußball immer seltener.

Diese Treue zeichnete ihn schon als Spieler aus, und auch als junger Trainer ist es stets wichtig für Heynckes, Farbe zu bekennen. Wenn es um seinen Verein geht, ist sich Jupp für nichts zu schade. So kommt es auch mal vor, dass der Cheftrainer höchstpersönlich Plätzchen für die Weihnachtsfeier der Borussia bäckt. Da kommt sie durch – die menschliche Seite, die er gerade in seiner frühen Trainerzeit nicht immer so zeigen kann, wie er vielleicht gerne möchte.

Es mag an der veränderten Situation liegen, schließlich ist er als Trainer für den Auftritt seiner gesamten Mannschaft verantwortlich und nicht nur für seine eigene Leistung wie noch zu Spielerzeiten. Vielleicht ist es auch der Ehrgeiz, gepaart mit dem ausbleibenden Erfolg, der Heynckes oft unnahbar erscheinen lässt. Dabei ist ihm seine autoritäre, fordernde Art zuerst gar nicht recht bewusst. Erst 1986, da ist er schon seit sieben Jahren Coach der Fohlen, traut sich einer seiner Spieler, Heynckes die Wahrheit zu sagen. Es ist sein späterer Co-Trainer Ewald Lienen, der Heynckes verrät, dass gerade die jüngeren Spieler regelrecht Angst vor ihm haben.

Dabei hat es sich schon früh angedeutet. Als Heynckes 1979 das Traineramt von Udo Lattek übernimmt, wollen ihn seine früheren Mitspieler von da an siezen. Heynckes erklärt sie daraufhin kurzerhand für bekloppt. Er möchte auch als Trainer geduzt werden. Dass er bisweilen eine einschüchternde Wirkung auf seine Spieler hat, ist ihm damals noch nicht klar und auch gar nicht seine Absicht. Heute weiß er, was für einen »gravierenden Fehler« er damals begangen hat.[19] Für den disziplinierten Heynckes ist es zu Beginn seiner Trainerzeit schlicht undenkbar, dass seine Spieler anders ticken könnten als er. Dementsprechend verlangt er ihnen nichts ab, was er nicht auch von sich selbst verlangt hätte. Dass er den Spielern damit unrecht tut, geht ihm erst später auf. »Da war ich nicht gerecht«, sagt er heute.[20] Damals steht er aber noch am Anfang seiner Trainerkarriere und hat noch einiges zu lernen.

Vermutlich ist es auch dieser anfängliche Mangel an Erfahrung, der Heynckes bisweilen recht heftige Kritik einbringt. So zum Beispiel in seiner dritten Trainersaison nach der Partie gegen Magdeburg am 16. September 1981. Mit Wuttke, Pinkall, Veh, Rahn und Mill lässt Heynckes in diesem Spiel gleich fünf nominelle Stürmer auflaufen. Trotz oder gerade wegen dieser gnadenlos offensiven Taktik müssen sich die Borussen dem Gastgeber letztlich mit 1:3 geschlagen geben. Wie zum Hohn erzielt das einzige Gladbacher Tor mit Ringels auch noch ein Verteidiger. Die fünf Angreifer bleiben allesamt torlos.

Das Ergebnis ist natürlich ein gefundenes Fressen für alle Heynckes-Kritiker. In dieser Zeit ist es aber nicht nur der junge Borussia-Coach, der sich permanent der Mäkelei ausgesetzt sieht. Die jungen Bundesligatrainer stehen damals allgemein im Visier der Sportpresse. Meist lässt sie kein gutes Haar an ihnen und vertritt die gängige Meinung, dass den Jungen einfach das Zeug zum Profifußball fehle. Heynckes kommt dabei im Vergleich zu seinen Trainerkollegen sogar noch recht gut weg. Ja, es kommt sogar vor, dass er in der Presse gelobt wird. Fußballjournalist Jürgen Werner bezeichnet ihn in einem Artikel der *Zeit* sogar als »Geheimtipp« und attestiert Jupp Heynckes »das größte Talent« unter den jüngeren Coaches.[21]

Alles in allem liefert Jupp Heynckes in seiner Zeit als Cheftrainer der Borussia eine sehr ordentliche Leistung auf dem Bökelberg ab. In seiner ersten Saison werden sie in der Liga Siebter und verpassen um ein Haar den UEFA-Pokalsieg. Aber schon in der Folgesaison muss Heynckes einige schmerzliche Abgänge, unter anderem den von Offensivkönner Karl »Calle« Del'Haye kompensieren. Dennoch springt der sechste Tabellenplatz heraus. Auf dem europäischen Parkett sind sie erst in der Saison 1981/82 wieder vertreten, scheiden aber bereits in der zweiten Runde gegen Dundee United aus. In der Liga werden sie erneut Siebter und verpassen damit knapp die UEFA-Cup-Teilnahme.

In der Folgesaison erlebt Jupp Heynckes als Trainer seine erste richtige Mannschaftskrise. Lange stehen die Fohlen auf einem Abstiegsplatz. Letztlich erreichen sie aber Platz 12 und bleiben in der ersten Liga.

Dann kommt die legendäre Saison 1983/84. Diesmal ist alles mit dabei. Dritter in der Liga, Weltklassefußball, der schmerzliche Matthäus-Wechsel und die knappe Niederlage im DFB-Pokalfinale gegen den Rivalen FC Bayern München. In der Spielzeit 1984/85 belegen die Fohlen den vierten Tabellenplatz. Aus dem UEFA-Cup muss sich Jupp Heynckes abermals schon in der zweiten Runde verabschieden. Ein Höhepunkt dieser Spielzeit ist sicherlich der 10:0-Sieg über Eintracht Braunschweig. Seit diesem Torspektakel der Gladbacher hat es in der Bundesliga keinen zweistelligen Sieg mehr gegeben. Im DFB-Pokal muss sich Jupp Heynckes' Elf im Halbfinale dem FC Bayern geschlagen geben. Es ist eine knappe Partie, die Udo Latteks Mannschaft nur durch ein Elfmetertor in der Verlängerung für sich entscheiden kann.

Im nächsten Jahr starten die Borussen mit neuem Elan und treten über lange Strecken sehr überzeugend auf. So überzeugend, dass ihnen manche sogar den Meistertitel zutrauen. Etwa Gerhard Seehase, der in einem Artikel in der *Zeit* in Bezug auf Heynckes' Fohlen-Elf vom »attraktivsten Angriffsfußball der Bundesliga« spricht.[22] Für den Titel reicht schöner Fußball allein dann aber doch nicht ganz. Wie schon in der Vorsaison kann Gladbach erneut den vierten Platz belegen. Im UEFA-Cup erreicht die Mannschaft das Achtelfinale und setzt gegen hochfavorisierte Madrilenen einen Höhepunkt in Heynckes' Zeit als Gladbachtrainer.

Da der Bökelberg für eine solche Spitzenpartie schlichtweg zu klein ist, empfängt Heynckes' Borussia Real Madrid im Düsseldorfer Rheinstadion. Mit einem derart selbstbewussten Auftritt der Fohlen haben die Spanier im Vorfeld wohl nicht gerechnet. Die Wetterbedingungen kommen noch erschwerend hinzu. Nass und kalt, das sind die Madrilenen nun wirklich nicht gewöhnt.

Nach einer guten Anfangsphase erzielt Mill nach einem abgewehrten Schuss von Rahn in der 36. Minute das 1:0. Nur vier Minuten später patzt Salguero in der Abwehr der Königlichen. Nach einer flachen Hereingabe von Michael Frontzeck kommt Uwe Rahn nicht richtig an den Ball, dafür versenkt ihn Real-Verteidiger Salguero fast schon in Stürmermanier im eigenen Kasten. 2:0 für Gladbach. Das Stadion tobt. Real wirkt konsterniert.

Die »Heynckes-Babes« kontern die überforderten Spanier weiter gnadenlos aus und können in der 55. Minute auf 3:0 erhöhen. Diesmal trifft Rahn per Kopf nach einer Eckballvariante, die Jupp Heynckes mit dem Team am Tag zuvor noch einmal ausgiebig trainiert hat. Vier Minuten später ist es erneut Uwe Rahn, der nach Vorlage von Criens zum 4:0 trifft. Ein Debakel bahnt sich an – aus Sicht der Madrilenen. Für Jupp Heynckes und seine Mannschaft ist die Sensation indessen zum Greifen nah. Von den Rängen dröhnen lautstark die Zugabe-Rufe des Publikums. Noch ist Real aber nicht geschlagen. Eine halbe Stunde verbleibt den Königlichen, um an dem Ergebnis noch etwas zu verändern. Und tatsächlich zeigen die Spanier in der 69. Minute mit einem Klassetreffer von Gordillo Zähne. Darüber hinaus will den Galaktischen jedoch nicht mehr viel gelingen. In der 82. Minute macht Ewald Lienen nach einer Vorgabe von Mill schließlich den Sack zu. Nach einem unglaublichen Fußballabend und einer Galavorstellung seiner Mannschaft kann sich Jupp Heynckes über einen geschichtsträchtigen Sieg freuen. Wäre da bloß nicht dieser unangenehme Auswärtstreffer der Madrilenen. Heynckes hat so etwas schon öfter erlebt. Eine wunderbare Vorstellung seiner Mannschaft im Hinspiel, die im Rückspiel dann wegen eines einzigen Auswärtstreffers der Gegner zunichtegemacht wird.

Deshalb warnt der Trainer vor dem Rückspiel. Er kennt die Heimstärke der Spanier und will verhindern, dass seine Mannschaft zu selbstsicher in die Partie geht. Selbst das 5:1 aus dem Hinspiel würde aus Heynckes' Sicht gegen die Königlichen nicht reichen.

Im Rückspiel lassen die Madrilenen dann keinen Zweifel aufkommen, wer die stärkere Mannschaft ist. Sie starten mit dem Dreiersturm Butragueño, Valdano und Santilliana sehr offensiv. Jupp Heynckes will mit einem sehr kompakten Stellungsspiel dagegenhalten, aber die individuelle Klasse der Spanier setzt sich durch. Bereits in der sechsten Minute gehen sie durch ein Tor von Valdano in Führung. Zwölf Minuten später legt Valdano nach und erzielt das 2:0. Danach können Heynckes' Fohlen dem überlegenen Gegner eine Zeitlang die Stirn bieten. Bis zur 76. Minute, in der Santilliana zum 3:0 punktet. In der 89. Minute ist es wieder Santilliana, der mit seinem Doppelpack für den 4:0-Endstand sorgt.

Ein Kantersieg der Fohlen in Düsseldorf, ein Kantersieg der Galaktischen in Madrid. Insgesamt erzielen beide Mannschaften fünf Tore. Nur hat Madrid eben ein Auswärtstor und Gladbach nicht. Heynckes hatte da wohl schon so eine Vorahnung. Nichtsdestotrotz kann er stolz sein auf seine Mannschaft. Wie sie die Madrilenen im Hinspiel vorführt, ist absolute Weltklasse. Seine Jungs spielen Kombinationsfußball vom Allerfeinsten und halten die Angreifer aus Madrid mit ihrer lange einstudierten Raumdeckung meisterhaft in Schach. Dass sie im Rückspiel den Kürzeren ziehen, ist sicherlich schmerzhaft. Doch gegen Real zu verlieren ist alles andere als eine Schande.

Die Saison 1986/87 wird Jupp Heynckes' vorerst letzte auf dem Bökelberg sein. Es ist das Ende einer Ära. Jupp Heynckes hat Gladbach geprägt wie kaum ein zweiter. Bevor er zum FC Bayern wechseln wird, holt er in seiner Abschlusssaison noch einmal alles aus seiner Mannschaft heraus. Damit kommen sowohl die Fans als auch der Verein auf ihre Kosten, und Heynckes kann guten Gewissens seiner Wege gehen.

In der Liga wird die Borussia Dritter. Ein Ergebnis, das ihr nach Heynckes' Abschied so schnell nicht mehr vergönnt sein wird. Im UEFA-Pokal ziehen die Fohlen ins Halbfinale ein, wo sie letztlich gegen Dundee United mit 0:2 ausscheiden. Damit kann der ehrgeizige Heynckes seinem Heimatverein in acht Jahren Trainerzeit zwar keinen einzigen Titel bescheren, in den Herzen der Fans wird er trotzdem für immer einen Platz haben.

Umzug an die Säbener Straße

Peu à peu wird Jupp Heynckes ein immer dickerer Fisch im Trainergeschäft, und der Bökelberg ist ihm schon bald zu klein. Bei der Borussia erzielt er mit einem jungen Kader und kleinem Budget bereits beachtliche Erfolge. Was wird ihm wohl noch alles gelingen, wenn ihm die entsprechenden Spieler und die für den ganz großen Erfolg erforderlichen Finanzen zur Verfügung stehen? Etwas in der Art muss sich auch Uli Hoeneß denken, als er Jupp Heynckes 1987 zum FC Bayern holt. Nachdem ihm Jupp im Vorjahr eine Absage erteilt hat, klappt es jetzt endlich mit den beiden.

Wie schon bei der Borussia tritt Jupp auch in München in die großen Fußstapfen seines ehemaligen Trainers und Chefs Udo Lattek. Und schnell merkt er, dass an der Isar ein ganz anderes Lüftchen weht als auf dem Bökelberg.

Der scheidende Trainer der Bayern hat in der Vorsaison noch die Meisterschale nach München geholt und den amtierenden Rekordmeister aus Nürnberg damit eingeholt. Nun übernimmt der einstige Lattek-Schüler und soll die Mannschaft modernisieren. In der Liga sind sie zwar dominant, doch die Münchner sind ebenso ehrgeizig wie ihr Trainer. Sie wollen zu den europäischen Spitzenteams gehören. Erst recht nach der herben Niederlage gegen den FC Porto im Pokalfinale der Landesmeister.

Nun soll Heynckes diesen Herzenswunsch der Bayern erfüllen. Er selbst würde wohl am liebsten weiterhin sein Ding durchziehen und sich auf den Fußball konzentrieren, aber dafür steht der FC Bayern viel zu sehr im Fokus der Medien. Fehlentscheidungen haben auf einmal ganz andere Konsequenzen als noch zu Gladbacher Zeiten. Dem alten Trainerfuchs Lattek – nun Sportdirektor des 1. FC Köln – ist das nur zu bewusst, und er wendet alle Tricks an, um seinen Nachfolger und damit die Konkurrenz aus München aus dem Takt zu bringen. Gut möglich, dass in seinen Angriffen auf Hoeneß und Heynckes auch ein bisschen verletzter Stolz mitspielt. Schließlich muss Udo Lattek schon zum zweiten Mal für den jüngeren Heynckes das Feld räumen.

Was auch immer hinter Latteks Frotzelei stecken mag, Heynckes ist solche Angriffe nicht gewohnt. In Gladbach erntete er bisweilen zwar auch Kritik, doch die war in den meisten Fällen sachlich und nicht gegen ihn als Person gerichtet. Heynckes käme nie auf die Idee, solche Worte über einen Kollegen zu verlieren wie sein einstiger Mentor Udo Lattek über ihn. Das weiß Lattek ganz genau, und so macht er sich die rechtschaffene Ader seines Konkurrenten zunutze. Lattek nimmt in dieser in den Medien ausgetragenen Schlammschlacht kein Blatt vor den Mund. Verbal ist er dem zurückhaltenden Heynckes haushoch überlegen. Genau wie später auch ein gewisser José Mourinho wirft sich Lattek in jede Bresche und leitet allen Druck und sämtliche Spannung auf sich, damit seine Spieler einen freien Kopf haben und sich auf ihre Arbeit konzentrieren können. Jupp Heynckes ist diese draufgängerische Art nicht gegeben. Er schaltet im Stillen, macht seine Arbeit pflichtbewusst und lässt die Trainerkollegen – soweit es geht – in Ruhe.

Davon ist Lattek weit entfernt. Der neue Sportdirektor des 1. FC Köln wirft Uli Hoeneß vor, er habe seinen Nachfolger nur an die Isar geholt, weil er mit einem so schwachen Trainer, wie Heynckes es sei, das Ruder nicht aus der Hand geben müsse. Heynckes zieht es erst einmal vor, nicht auf Latteks Beleidigung zu reagieren. Doch Uli Hoeneß reagiert nur zu gerne auf die Provokation, und es entwickelt sich ein regelrechter Schlagabtausch zwischen den beiden Fußballschwergewichten. Beschimpft Lattek den Bayernmanager als »Angstbeißer« und »Lügner«, schießt Hoeneß zurück, indem er sich über Latteks Schwäche für Alkohol auslässt. In seinen letzten zwei Wochen in München soll Udo Lattek laut Hoeneß zusammen mit seinen Spielern »mehr Alkohol verkonsumiert [haben] als ein Normalsterblicher in vier Jahren«.[23]

Nach weiteren Angriffen aus Köln reagiert auch Heynckes. Dabei schlägt auch er erstmals einen für seine Verhältnisse ungewohnt rauen Ton an. Einen »Sauhaufen« habe Lattek ihm hinterlassen, der sich mehr durch »Cliquenwirtschaft« und »Statusdenken der Stars« auszeichne als durch Disziplin.[24]

Auch wenn sich Heynckes dieses Mal auf das verbale Geplänkel einlässt, spielt sich der Großteil der Wortgefechte zwischen Hoeneß und Lattek ab. Udo Lattek und Jupp Heynckes sind zwei Typen, die unterschiedlicher kaum sein könnten. Sie verbindet nur eins: der unbändige Wille zum Erfolg.

Der Streit eskaliert schließlich, als Hoeneß und Lattek auf dem Oktoberfest aufeinandertreffen. Laut einem Augenzeugenbericht soll Lattek sogar handgreiflich geworden sein. Wie sich später herausstellt, ist der Streit dann aber doch nicht viel mehr als eine wilde Theatervorführung zweier mit allen Wassern gewaschener Bundesligaroutiniers. Als die Bayern dann auch noch in Köln verlieren, die Spieler ihren ehemaligen Trainer herzlich umarmen und wie im Falle Lothar Matthäus sogar fröhlich scherzend ein Kölsch mit Udo Lattek trinken, wird es Jupp Heynckes endgültig zu bunt. Doch da sind die Kölner schon an der Tabellenspitze, und die Münchner hinken Udo Latteks Team hinterher.

Diesen Vorsprung kann Heynckes' neues Team nicht mehr aufholen, und die Münchner werden in seiner ersten Saison beim FC Bayern – punktgleich mit Latteks Kölnern – lediglich Zweiter in der Liga. Die Meisterschaft holt sich Werder Bremen. Wieder kein Titel für Jupp Heynckes. Dabei ist er doch gerade deshalb vom heimischen Bökelberg zum Rivalen in die bayrische Hauptstadt gewechselt.

Sicherlich hat Heynckes sich damals die Aufgabe beim FC Bayern erheblich leichter vorgestellt. Seine mittelmäßige Saison versucht er mit dem Argument zu rechtfertigen, dass seine Spieler »körperlich in keiner guten Verfassung [waren]«, als er die Mannschaft übernahm.[25] Darüber hinaus spielten die Bayern unter Lattek auch noch mit Libero und damit mit einem veralteten System. Erst mit Heynckes kommen moderne Konzepte wie Raumdeckung und Viererkette nach München. Der enttäuschende zweite Platz geht also zu großen Teilen auch auf strukturelle Probleme der Mannschaft zurück. Als wäre die taktische Modernisierung nicht schon Herausforderung genug, sieht sich Heynckes in seiner ersten Bayern-Saison obendrein auch noch mit den Allüren diverser Stars konfrontiert. Doch da hören die Baustellen an der Säbener Straße noch nicht auf. Sowohl die Mannschaftsmoral als auch die Fitness seiner Akteure lassen für Heynckes' Begriffe schwer zu wünschen übrig. Für seine Defensivphilosophie fehlt vielen seiner Spieler schlichtweg die Ausdauer.

All diese Hindernisse stellen Jupp Heynckes vor eine schwierige Wahl: Einerseits hat er beim FC Bayern Individualisten im Kader, die über eine spielerische Klasse verfügen, wie er sie zu seinen Gladbacher Zeiten nie zur Verfügung hatte. Andererseits wollen diese Einzelkünstler so gar nicht in sein Spielkonzept passen. Nach reiflicher Überlegung entscheidet der Trainer, die Mannschaft neu aufzubauen, um seine Philospohie durchzusetzen. Dafür müssen einige Köpfe rollen. Zu den Spielern, die den FC Bayern nach der Saison 1987/88 verlassen, gehört neben Andi Brehme, Jean-Marie Pfaff und Norbert Eder auch Heynckes' einstiger Schützling Lothar Matthäus. Was zuerst wie ein Totalausverkauf aussehen mag, zeigt schon bald heilende Wirkung. Für die verkauften Stars rücken mit den Neuzugängen Stefan Reuter, Olaf Thon und Roland Grahammer vielversprechende Talente nach. Und Raimond Aumann wird die neue Nummer eins im Bayern-Trikot.

Aber nicht nur die Mannschaft wird erneuert, wie bei einem gründlichen Frühjahrsputz schwingt Jupp Heynckes den Besen in alle Winkel und räumt mit veralteten Methoden auf.

Mit ihm beginnt in München eine neue Ära. Er revolutioniert nicht nur die Verteidigung, nein, Jupp Heynckes bringt rundum neuen Schwung in die Truppe. Neben taktischen Faktoren legt er Wert auf Qualitäten wie »Moral, Disziplin, Wille und auch das fußballerische Können«.[26]

Zu Heynckes' Neuerungen gehören eine Viererkette, die mit Augenthaler noch einen nominellen Libero in ihren Reihen hat. Faktisch tritt »Auge« unter dem neuen Trainer aber wie ein moderner Innenverteidiger auf und soll eine entscheidende Rolle im Spielaufbau der Münchner einnehmen. Des Weiteren installiert der Mann vom Niederrhein ein modernes Spielsystem mit vielen Kurzpässen, Mittelfeldpressing und Abseitsfalle. Er will Mannschaftsleistung statt individueller Klasse.

Nachdem er eine Saison lang Zeit hatte, der Mannschaft seine Vorstellungen näherzubringen und mit dem Verkauf von Matthäus und Co. Ruhe nach München gebracht hat, stehen die Sterne schon bald zu Jupp Heynckes' Gunsten. Inzwischen vertrauen ihm die Spieler. Anders als Lattek macht Heynckes weder sich noch den FC Bayern größer, als es der Realität entspricht. Erst als alle Schrauben endlich bis ins letzte Detail eingestellt sind, kann er seine Stärken voll ausspielen und die Mannschaft an die Ligaspitze führen. Es sind Qualitäten wie Disziplin, Mannschaftsgefühl, taktische Überlegenheit, Moral und natürlich die Heynckes-typische Liebe zum Detail. »Schluderei gibt es bei ihm nicht«, weiß sein Freund und Trainerkollege Hermann Gerland.[27]

Diese Sorgfalt im Trainingsalltag des Perfektionisten Jupp Heynckes macht sich schon bald bezahlt. Die Entscheidung, auf Superstars zu verzichten und auf Mannschaftsspieler zu bauen, die sich in ein System einfügen, erweist sich als goldrichtig. Taktisch fährt er eine ganz ähnliche Schiene wie schon zuvor bei der Borussia. Die Hinrunde der

Bundesliga bestreitet seine Elf ungeschlagen – neun Siege und acht Unentschieden, diese Leistung kann sich sehen lassen. Auf der internationalen Bühne zeigen die Bayern nach einer schmerzhaften 0:2-Heimniederlage gegen Inter Mailand starke Comeback-Qualitäten. Heynckes zeigt sich mit seiner Aufstellung für das Auswärts-Rückspiel überraschend risikofreudig. Mit Ekström, Wegmann und Wohlfarth hat er gleich drei Stürmer in seiner Start-Elf.

»Keiner dachte, dass ich so spielen lasse«, erinnert sich Heynckes an den damaligen Erfolg.[28]

Ex-Münchner Andreas Brehme – inzwischen wie Mätthaus bei Inter – muss bereits nach einer halben Stunde verletzt vom Platz. Er wird noch an der Seitenlinie behandelt, da erzielen die Münchner bereits das 1:0. Nach einem Kopfball an den Pfosten der Italiener kommt Roland Wohlfarth als erster an den Ball und trifft in der 33. Minute zum 1:0.

Dann geht alles ganz schnell. Obwohl die Partie sehr hitzig wird und die Italiener mit allen Mitteln versuchen, die Bayern von ihrem Tor fernzuhalten, kracht es nur vier Minuten später erneut im Kasten von Inter. Diesmal trifft Augenthaler per Kopf zum 2:0. Und schon in der 41. Minute legt Jürgen Wegmann nach. Auf die Vorlage von Sturmpartner Ekström kann sich Wegmann gegen den italienischen Schlussmann durchsetzen. Es steht 3:0 für den Außenseiter aus München. Damit hat niemand gerechnet.

Die Italiener erzielen durch einen Treffer von Serena kurz vor der Pause den Anschlusstreffer. Dann ist Halbzeit. Obwohl sie in der zweiten Hälfte deutlich besser auftreten und den Gästen aus München ein hohes Laufpensum abverlangen, bleibt es beim 3:1. Daran kann auch Ex-Bayer Lothar Matthäus nichts mehr ändern. Ein ganz entscheidender Mann in diesem Spiel ist auch Bayerns Torwart Raimond Aumann. Ohne seine spektakulären Paraden wäre das Spiel vermutlich anders ausgegangen. Doch so jubeln die Münchner und ziehen ins Viertelfinale des UEFA-Pokals ein. Inter Mailand und die Fans in San Siro stehen unter Schock.

Kann sich Jupp Heynckes' Mannschaft im Viertelfinale mit einem Sieg und einer Niederlage gegen die Schotten von Heart of Midlothian durchsetzen, wartet im Halbfinale mit dem SSC Neapel erneut ein Gegner aus Italien.

Die Truppe um Fußballlegende Diego Armando Maradona ist eine viel härtere Nuss als die Schotten. Am 5. April 1989 treten die beiden Mannschaften im Halbfinale des UEFA-Cups gegeneinander an. Diesmal wählt Heynckes ein 3-5-2-System mit Ekström und Wohlfarth in der Spitze. Das Stadion der Gastgeber brennt bereits vor Spielbeginn. Im wahrsten Sinne des Wortes. Pyrotechnik und Rauchschwaden, wohin man auch blickt. Die Fans sind in Hochstimmung, die Geräuschkulisse ist unfassbar. Schon vor dem Anpfiff stimmt das vorwiegend italienische Publikum lauthals Fangesänge an und treibt seine Mannschaft nach vorne.

Die Italiener beginnen selbstbewusst, doch die bayrische Hintermannschaft kann das Angriffsgespann um Maradona lange am Torerfolg hindern. Erst in der 41. Minute gelingt Careca nach einer Traumvorlage von Maradona das 1:0. Nach einer Eckballvariante der Neapolitaner trifft Carnevale mit dem Kopf und sorgt für den 2:0-Endstand. Die Vorlage kommt erneut von Edeltechniker Maradona.

Zwei Wochen später findet das Rückspiel im Münchner Olympiastadion statt. Und Maradona erregt schon beim Aufwärmen Aufsehen. Unvergesslich sind die Szenen, wie der Argentinier bester Laune den

Ball hoch hält, mit offenen Schnürsenkeln Kunststückchen zum Besten gibt und mit viel Hüftschwung durchs bayrische Stadion tänzelt.

Jupp Heynckes wählt für das Rückspiel eine andere Startaufstellung. Im Sturm wird Ekström von Jürgen Wegmann ersetzt. Im Mittelfeld kommt statt Olaf Thon Armin Eck zum Einsatz. In der Abwehr bringt er Pflügler für Johnsen.

Wie schon im Hinspiel bleibt die Partie lange torlos. Nicht zuletzt weil Hansi Flick von Jupp Heynckes als Maradona-Bewacher eingeteilt wird. Flick erfüllt diese Aufgabe über weite Strecken ganz vorbildlich, doch er kann den Ausnahmekönner aus Argentinien nicht dauerhaft aus dem Spiel nehmen.

Ein übler Schnitzer von Norbert Nachtweih in der Bayern-Abwehr bringt Neapel schließlich die Führung. Nach einem hohen Ball in die Spitze aus der neapolitanischen Hintermannschaft kommt Augenthaler vor seinem Gegenspieler an den Ball und köpft zurück zu Nachtweih. Der hat Zeit, holt aus zum Befreiungsschlag und schlägt – man glaubt es kaum – schnurstracks am Ball vorbei. Maradona setzt sofort nach, bringt Nachtweih in arge Bedrängnis und legt in der 62. Minute Careca zum 1:0 auf.

Jupp Heynckes' Mannschaft verdaut den Schreck schnell und kann drei Minuten später ausgleichen. Nach einer Ecke der Bayern kommt es zu einem Gewühl in Fünfmeterraum. Gleich fünf Verteidiger und Neapels Torwart stehen zwischen Ball und Tor. Dennoch kann sich Wohlfarth gegen das Knäuel aus Blauen durchsetzen. Er zieht aus kurzer Distanz voll ab und trifft zum 1:1.

In der 79. Minute gehen die Italiener erneut in Führung. Nach einem Konter über Maradona ist Careca zum zweiten Mal an diesem Abend erfolgreich, und es steht 2:1 für Neapel. Stefan Reuter kann sich kurz darauf noch gegen die Gäste durchsetzen und erzielt nach einer tollen Einzelleistung ein absolutes Traumtor. Der Endstand: 2:2. Leider reicht das den Bayern nicht. Sie scheiden gegen Neapel im Halbfinale aus, und der Traum vom europäischen Titel ist fürs Erste ausgeträumt. Auch den DFB-Pokal müssen sich Heynckes' Bayern in dieser Saison abschminken, nachdem sie bereits in der dritten Runde gegen den KSC den Kürzeren ziehen.

In der Meisterschaft bleibt es spannend bis zum Schluss. Und auf der Zielgeraden zum Titel bahnen sich heitere Wortgefechte an. Diesmal sind die Protagonisten Köln-Trainer Christoph Daum und Bayern-Coach Jupp Heynckes. Doch im Hintergrund – und schon bald auch sehr öffentlich – scheint es so, als hätten die beiden Streithähne Hoeneß und Lattek ebenfalls ihre Finger im Spiel.

Das Spektakel beginnt mit diversen Provokationen von Trainerneuling Christoph Daum in Richtung Jupp Heynckes. Mit seinen Aussagen bringt Daum zwar halb Fußballdeutschland zum Lachen, Jupp Heynckes schmecken die Angriffe auf seine Person jedoch überhaupt nicht. Deshalb holt der stille Bayern-Coach aber noch lange nicht zum Gegenschlag aus. Dabei sind Daums Attacken bisweilen nicht ganz ohne. Der Kölner Trainer macht sich über Heynckes' bekannte Dünnhäutigkeit lustig, legt ihm nahe, »Werbung für Schlaftabletten [zu] machen«, und vergleicht eine Unterhaltung mit dem Bayern-Trainer mit dem Betrachten einer Wetterkarte. Der Gipfel des Ganzen ist schließlich Daums Kommentar über Heynckes im Hinblick auf den Bayern-Triumph gegen Inter Mailand.

»Da war eine Hirnwindung mehr durchblutet«, soll Daum in einem Interview über Heynckes gesagt haben.[29] Diese Bemerkung über Heynckes' Hirnwindung nimmt Uli Hoeneß zum Anlass, Christoph

Daum im aktuellen Sportstudio mit einer Anzeige wegen Beleidigung zu drohen. Das geht Jupp Heynckes aber doch zu weit. Nichtsdestotrotz will er klarstellen, dass er Daums Verhalten nicht gutheißen kann. Der erfahrene Coach weiß nur zu gut, was für ein Wechselbad der Gefühle der Bundeliga-Alltag mit sich bringt. Von himmelhoch jauchzend über zu Tode betrübt bis zum Herzstillstand und zurück sind alle möglichen Gefühlslagen dabei. Heynckes weiß auch, dass man starke Nerven für den Job braucht. Daums Beleidigungen mag er so trotzdem nicht akzeptieren. Für Heynckes sind sie ein Novum in der Bundesliga und zeugen nicht gerade von gutem Stil. Für ihn bewegen sich Daums Kommentare fernab der üblichen Sticheleien, nicht zuletzt, weil sie für sein Empfinden doch deutlich unter die Gürtellinie zielen.

Christoph Daum zeigt sich hingegen keiner Schuld bewusst. Zu einigen Aussagen steht er, andere bestreitet er, so gesagt zu haben, wie sie letztlich in den Zeitungen zu lesen sind. Als dann auch noch Udo Lattek Stellung nimmt und die Angelegenheit mit einem älteren Streit zwischen sich und Otto Rehhagel vergleicht, kommt recht schnell der Verdacht auf, dass es hier wieder einmal nur um eins geht: Ist es möglich, dass Christoph Daum seinen Konkurrenten einfach nur aus dem Konzept bringen will, so wie es schon Udo Lattek in der Vorsaison versucht hat?

Daums Kölner Truppe hat mit 17 ungeschlagenen Spielen in Folge eine sensationelle Saison geliefert und ist der letzte Konkurrent der Bayern im Rennen um die Meisterschaft. Und genau wie Heynckes will auch Daum unbedingt gewinnen. So versucht er, den Bayern-Trainer auch im aktuellen Sportstudio aus der Reserve zu locken. Aber Heynckes bleibt ruhig, überlässt das Reden zum Großteil Uli Hoeneß, der fast schon den Eindruck macht, den Schlagabtausch mit Daum zu genießen. Heynckes selbst hat nach eigener Aussage bereits als Spieler ausgiebig im Rampenlicht gebadet. Das brauche er jetzt als Trainer nicht mehr. Persönlich getroffen haben ihn Daums Angriffe nicht, nur die Art und Weise, wie sein Konkurrent sie vorgebracht habe, sei für Heynckes doch irritierend gewesen. Ein Trainer habe vor allem Vorbildfunktion, findet Heynckes. Die sehe er im Falle Christoph Daum alles andere als erfüllt. Er hat für das Verhalten des Kölners keinerlei Verständnis. Statt Vereinsfehden wünscht sich Heynckes einen respektvollen Umgang untereinander. Er zieht ja auch nicht los und hackt nach Belieben auf seinen Kollegen herum. Das ist einfach nicht seine Art. Jupp Heynckes definiert sich eben durch sportliche Leistung, nicht durch verbalen Hahnenkampf.

Zum Schluss bringt Christoph Daum Jupp Heynckes mit seiner selbstbewussten Art sogar noch zum Lächeln. Heynckes und seine Mannschaft sollten sich besser »warm anziehen« für die Partie gegen Köln am folgenden Donnerstag.[30] Denn Daum und seine Mannschaft seien bereit, alles dafür zu tun, den Bayern den Titel vor der Nase wegzuschnappen.

»Dann packen wir die Pelzmäntel aus«, scherzt Heynckes und reagiert damit ungewohnt locker auf Christoph Daums Stichelei.[31] Er kann auch entspannt sein, denn die Bayern haben die bessere Ausgangssituation für das Match gegen Köln. Wenn Daum mit seiner Mannschaft Meister werden will, muss er unbedingt gegen den FC Bayern gewinnen. Jupp Heynckes und den Münchnern würde bereits ein Unentschieden reichen, um die Tabellenführung zu behaupten.

Das Duell der beiden Rivalen entscheidet sich am 25. Mai 1989 in Köln. Es ist der 31. Spieltag der Bundesligasaison und fühlt sich wie ein richtiges Endspiel an. Die Gäste erleben an diesem Tag schon bei ihrer Ankunft im Kölner Stadion einen rauen Empfang. Den Bus der Münchner bewerfen die Kölner Fans mit Eiern, Trainer Jupp Heynckes dröhnen bereits Buhrufe und Pfiffe entgegen, als er noch nicht einmal aus dem Teambus ausgestiegen ist. Doch Heynckes bewahrt die Ruhe und gibt ein paar Autogramme, bevor er mit seinem Team in der Kabine verschwindet.

Christoph Daum wird bei seiner Ankunft lautstark von den Fans gefeiert, fast so, als wäre er mit dem FC Köln bereits Meister geworden. Als das Spiel dann beginnt, zeigt sich der Druck der vergangenen Wochen im Auftreten beider Mannschaften. Sowohl die Kölner als auch die Münchner wollen dieses Spiel unbedingt gewinnen. Wenn es sein muss, auch mit ein wenig mehr Härte als sonst. Die Teams starten aggressiv, aber nervös. Die Anfangsphase zeichnet sich durch viele Fouls und wenige Torchancen aus. Trotz oder gerade wegen des zerfahrenen Spiels sind es die Kölner, die nach einer Hereingabe von Thomas Häßler zum einzigen Abschluss der ersten 20 Minuten kommen.

Ab da finden die Bayern nach und nach immer besser in die Partie und gehen in der 25. Minute in Führung. Zuerst bringt Reuter einen flachen Hammer auf das Kölner Tor, trifft aber nur den Pfosten. Doch Wohlfarth setzt entschlossen nach und staubt zum 1:0 ab. Da fällt die Anspannung der letzten Wochen für kurze Zeit von Jupp Heynckes ab. Im blauen Trainingsanzug sieht er seiner Mannschaft von der Seitenlinie aus zu. Bei Reuters Pfostenschuss bewahrt er noch die Ruhe, nach Wohlfarths Treffer hält ihn nichts mehr auf seinem Sitz. Wie damals als Spieler springt er durch die Luft und jubelt ausgelassen über die Führung seiner Mannschaft. Köln kann in der 32. Minute nach einem Fehler der bayrischen Hintermannschaft durch einen Treffer von Allofs ausgleichen. Diesmal jubelt Daum, und Heynckes' kurze Ausgelassenheit endet jäh. Jetzt steht wieder alles auf Anfang, und die Mannschaften kehren zu ihrer aggressiven Nervosität zurück. Viele Fouls und vor allem Fehler in den Abwehrreihen kennzeichnen den weiteren Spielverlauf der ersten Halbzeit.

Kurz vor der Pause sorgt Wohlfarth dann erneut für Nervenkitzel. Nach zwei dicken Fehlern von Kohler und Steiner kann er den Kölner Schlussmann überlupfen und trifft fast zur erneuten Münchner Führung. Doch der Ball landet nur auf und nicht im Netz.

In der Pause verzichtet Heynckes auf Wechsel. Er bleibt seiner Aufstellung treu, und seine Mannschaft kommt in der zweiten Hälfte immer besser ins Spiel. Jupp Heynckes' Ausdauertraining soll sich schon bald bezahlt machen. Denn an diesem heißen Tag Ende Mai sind es die Kölner, die zuerst Schwäche zeigen. Selbst Leistungsträger Pierre Littbarski geht schon bald die Puste aus. Die Bayern zeigen sich konditionell überlegen und können in der Schlussphase des Spiels erneut in Führung gehen. Zuvor hat Christoph Daum Abwehrspieler Jürgen Kohler vom Platz genommen und damit leider kein sehr glückliches Händchen bewiesen. Zumindest in diesem Spiel. Roland Wohlfarth, vor dessen Auswechslung noch von Kohler bewacht, erzielt in der 85. Minute das 2:1 für seine Mannschaft und kann kurz vor Schluss ein weiteres Mal erhöhen. 3:1. Damit gelingt Wohlfarth ein Hattrick und Jupp Heynckes' Mannschaft der Sieg über Köln.

Der im Vorfeld so großspurige Daum muss sich den Meistertitel damit wohl abschminken. Der zurückhaltende Heynckes gibt dem Kölner die Antwort auf seine Sticheleien auf dem Platz und wird mit dem FC Bayern Meister. Es ist sein erster Titel als Trainer. Als er damals bei Gladbach anfing, war es sein erklärtes Ziel, mit 40 Deutscher Meister zu werden. Nun ist er 44, und es klappt endlich mit der Meisterschale.

So wohltuend dieser Triumph auch für Heynckes ist – der ehrgeizige Trainer hat längst schon größere Ziele. Bereits im März verkündete Heynckes: »Wir wollen die Nummer 1 in Europa werden.«[32]

Eines Tages wird er dieses Ziel mit dem FC Bayern erreichen. In seiner ersten Amtszeit an der Isar gelingt es ihm noch nicht.

In der Folgesaison müssen die Bayern die Abgänge der beiden Stürmer Wegmann und Ekström kompensieren. Außerdem verlassen Nachtweih und Eck den Verein. Dafür kommen gleich sieben neue Spieler in die Mannschaft. Der Sensationstransfer der Saison ist sicherlich Jürgen Kohler, der von Köln nach München wechselt. Er ist einer der besten Manndecker der Bundesliga und soll die bayrische Innenverteidigung in der kommenden Spielzeit noch sicherer machen. Kohler ist den Bayern stattliche 3,1 Millionen DM Ablöse wert und macht sich schon bald durch seine sagenhaften Defensivqualitäten bezahlt. Anders sieht es da im Hinblick auf Alan McInally und Radmilo Mihajlović aus. Mit dem Transfer des schottischen Stürmers und des jugoslawischen Verteidigers greift Jupp Heynckes dezent daneben und wird dafür bisweilen ausgiebig kritisiert. Trotz eines guten Starts der beiden Neuzugänge lässt ihre Leistung im Laufe der Zeit – mit wenigen Ausnahmen – immer mehr zu wünschen übrig.

Das tut dem dominanten Auftreten von Heynckes' Elf keinen Abbruch. Nachdem sie fast die gesamte Rückrunde über den ersten Tabellenplatz behaupten können, werden die Bayern mit acht Punkten Meister. Wie schon im Vorjahr belegen die Kölner den zweiten Platz hinter den selbstbewussten Münchnern. Jetzt ist er wirklich angekommen in der bayrischen Haupstadt. Jupp Heynckes feiert seinen zweiten Meistertitel in Folge. Nur in den Pokalwettbewerben zündet seine Mannschaft noch nicht so richtig.

Im DFB-Pokal scheiden die Münchner im Achtelfinale gegen Stuttgart erneut früh aus. Ein Highlight aus der Pokalsaison bleibt in Erinnerung. Es ist Klaus Augenthalers Tor des Jahres gegen Eintracht Frankfurt. Aus unglaublichen 48,90 Metern zieht der Verteidiger unbedrängt aus dem Mittelkreis mit dem Vollspann ab und nagelt den Ball in den gegnerischen Kasten. Später wird »Auges« Treffer sogar zum Tor des Jahrzehnts gewählt. Dessen ungeachtet ist das Erreichen des Achtelfinales für die Ansprüche der Bayern entschieden zu wenig.

Im Pokal der Landesmeister sieht es dagegen schon besser aus. Nach erfolgreichen Vorrundenspielen können sich Jupps Jungs im Viertelfinale mit zwei Siegen gegen den PSV Eindhoven durchsetzen. Das Heimspiel entscheiden die Bayern mit 2:1 für sich. Wohlfarth und Grahammer sind die Torschützen. Das Rückspiel in Eindhoven kann Heynckes' Mannschaft dank eines Eigentors von Gerets in der 90 Minute mit 1:0 ebenfalls für sich entscheiden.

Damit ziehen die Bayern verdient ins Halbfinale ein, wo mit dem AC Milan ein wahrer Fußballgigant auf Heynckes und seine Mannschaft wartet. Das Hinspiel im Giuseppe-Meazza-Stadion endet für die Bayern mit einer 0:1-Niederlage durch einen Elfmeter von Marco van Basten enttäuschend. Unmöglich ist das Weiterkommen mit diesem Ergebnis aber nicht. Als die beiden Mannschaften zwei Wochen später im Olympiastadion aufeinandertreffen, treten die Bayern schon ganz anders auf und gehen in der 58. Minute nach einer schönen Kombination zwischen Strunz und Dorfner in Führung. Die beiden lassen die gesamte Mailänder Verteidigung mit einem wunderbaren Doppelpassspiel stehen, und Strunz trifft zum 1:0. Und das, obwohl der Einsatz von Jungspund Strunz anfangs noch gar nicht sicher gewesen ist. Was für eine Erleichterung muss dieser Treffer durch den 21-Jährigen für Jupp Heynckes sein. Schließlich hat er für die Aufstellung des jungen Strunz' auch schon öfters Kritik einstecken müssen.

Mit dem Spielstand von 1:0 endet dann die reguläre Spielzeit. Es geht in die Verlängerung, für die Jupp Heynckes Alan McInally einwechselt. In der 100. Minute gleichen die Italiener aus und wären mit diesem Spielstand weiter. Doch Heynckes' Einwechslung fruchtet. McInally trifft in der 108. Spielminute, und die Bayern gewinnen zu Hause. Trotz des Sieges ziehen dann aber die Italiener ins Finale ein und nicht die Münchner. Wieder einmal ist es dieses verflixte Auswärtstor, das Jupp Heynckes' Mannschaft einen Strich durch die Rechnung macht. Es wäre auch zu schön gewesen. Letztlich setzt sich der AC Mailand auch im Finale gegen Benfica Lissabon durch und holt den Europapokal nach Italien.

Jupp Heynckes gewinnt in dieser Saison die insgesamt zwölfte Meisterschaft des FC Bayern und untermauert damit den Status des Titelfavoriten. Die europäische Zielsetzung kann er leider noch nicht erfüllen. Dafür ist die Zeit wohl einfach noch nicht reif.

In der nächsten Saison kommen erneut einige junge Spieler an die Isar. Unter ihnen ist auch der 20-jährige Stefan Effenberg, der wie einst Jupp Heynckes vom Bökelberg zu den Bayern wechselt. Mit der Verjüngung des Teams bricht beim FC Bayern eine neue Zeitrechnung an. Der gerade einmal 19-jährige Christian Ziege muss in seiner Debütsaison gleich Libero spielen. Der »Tiger«, wie sie Stefan Effenberg später nennen werden, zeigt Krallen und bedroht Jupp Heynckes in der Kabine. Nach und nach entgleitet dem Trainer die Kontrolle, er wird schon bald keinen richtigen Zugriff mehr auf die Mannschaft haben.

Nach seinen zwei Meistertiteln kann der Fußballlehrer Heynckes das System FC Bayern nicht weiter an der Ligaspitze halten. Im Europapokal erreicht seine Mannschaft erneut das Halbfinale, scheidet diesmal aber noch bitterer aus als in der Vorsaison. Nachdem sie sich im Olympiastadion mit 1:2 geschlagen geben müssen, führen sie gegen Belgrad im Rückspiel selbst mit 2:1 bis kurz vor Schluss. Es deutet bereits alles auf Verlängerung hin, da stellen sich die Bayern selber ein Bein. Augenthaler und Aumann sind die beiden Unglücksraben in diesem tragischen Halbfinale. Nach einem missglückten Befreiungsschlag des Abwehrspielers kommt der Ball als Bogenlampe gefährlich auf den bayrischen Kasten. Aumann schätzt die Situation nicht richtig ein, versucht den Ball noch abzuwehren und faustet ihn ins eigene Tor. Auf einmal steht es 2:2, und dabei bleibt es dann auch. So fliegen die Bayern mit viel Pech erneut aus dem Europapokal. Aus Heynckes' Traum vom internationalen Titel wird wieder nichts. Die ersten Anzeichen für seinen Abschied aus München zeigen sich bereits am Horizont.

In der Sommerpause verlassen dann auch noch mit Stefan Reuter und Jürgen Kohler zwei wichtige Spieler die Mannschaft. Außerdem beendet Klaus Augenthaler seine Karriere. Schnell wird sich zeigen, dass die Mannschaft diese drei herben Verluste so schnell nicht ausgleichen kann. Zwar kommen mit Thomas Berthold, Oliver Kreuzer, Mazinho und Bernardo einige Neuzugänge, retten können aber auch sie den FC Bayern nicht.

Jupp Heynckes kann die bevorstehende Krise des FC Bayern nicht verhindern. Der Mannschaft fehlen zu viele Leistungsträger – sei es wegen der Abgänge oder aufgrund von Verletzungen, letzten Endes macht es keinen Unterschied. Schon zu Saisonbeginn bahnt sich das Unvermeidbare an. Aus dem DFB-Pokal müssen sich die Münchner gegen den FC Homburg bereits in der zweiten Runde verabschieden. In der Liga klappt es auch nicht, und die erfolgsverwöhnten Münchner Fans fordern schon bald lautstark Heynckes' Rauswurf. Nach der 1:4-Blamage gegen den Aufsteiger Stuttgarter Kickers am 8. Oktober 1991 muss Jupp seinen Hut nehmen. Uli Hoeneß erinnert sich noch allzu gut an den Abend, an dem er seinem Freund die schlechte Nachricht überbringen muss. Dazu lädt er Heynckes zu sich nach Hause an den Tegernsee ein. Es fällt dem Bayern-Manager nicht leicht, seinen Freund gehen zu lassen. Hoeneß hätte Heynckes gerne behalten, doch Bayerns Präsident Fritz Scherer entscheidet sich gegen den besonnenen Coach.

»[...] Heynckes wäre Trainer geblieben, wenn das hier meine Firma wäre«, so Hoeneß.[33]

Leider ist das nicht der Fall, und die beiden verbringen einen emotionalen Abend in Hoeneß' Haus. Die beiden Freunde Uli und Jupp haben »geheult wie die Schlosshunde.[34]«, erzählt Hoeneß in einem späteren Interview.

Danach läuft alles Weitere reibungslos. Jupp Heynckes erklärt sich bereit, seinen Vertrag aufzulösen, und verabschiedet sich von der Mannschaft. Danach setzt er sich mit dem Münchner Management auf eine Maß Bier und eine Runde Schafkopf gemeinsam an einen Tisch.

Die Zeit beim FC Bayern ist trotz der ersten Titel keine leichte für Jupp Heynckes. Inzwischen ist er schon fast ein alter Hase im Trainergeschäft, trotzdem bleibt noch viel zu lernen. Als er den FC Bayern verlässt, ist Jupp Heynckes ein Fußballlehrer. Ein sehr guter, aber noch kein ganz Großer. Er hat weder die Ausstrahlung eines Franz Beckenbauers, noch das Mundwerk eines Hoeneß' und auch nicht den Witz eines Netzers. Auch wenn er die Bayern zu zwei Titeln führt, fehlen ihm noch gewisse Attribute, um die Münchner Herzen dauerhaft für sich zu gewinnen. Die wird er sich im Laufe seiner langen Karriere Schritt für Schritt aneignen, und jedes Mal, wenn er zurückkehrt an die Isar, ist er ein bisschen besser.

Die Bilanz aus seinen ersten vier Jahren beim FC Bayern kann sich dennoch sehen lassen, wie Jupp Heynckes findet. Er wird zweimal

Zweiter, holt zweimal die Meisterschale nach München und erreicht auf der europäischen Bühne einmal das Viertel- und dreimal das Halbfinale. Das soll ihm so schnell erst mal einer nachmachen. Auf Jupp Heynckes folgen beim FC Bayern Sören Lerby und Erich Ribbeck, doch auch sie sind nicht in der Lage, die Talfahrt zu stoppen. Sie können dem Rekordmeister letztlich nicht einmal einen einstelligen Tabellenplatz bescheren. Und wer keinen Erfolg hat, muss gehen. So läuft der Hase nun mal an der Isar.

Wechsel nach Spanien

Nach seiner Entlassung beim FC Bayern gönnt sich Jupp Heynckes eine längst verdiente Auszeit. Nach 15 Jahren aktiver Karriere und 12 Jahren Trainerdasein will er sich eine Weile vom Trubel des Fußballalltags erholen. Er verbringt die Zeit mit seiner Frau Iris und Tochter Kerstin, genießt die freien Stunden und knuddelt seine Katzen Pussy und Blue. Ja, der unermüdliche Jupp Heynckes zieht nach seinem Weggang aus München sogar die Möglichkeit in Betracht, sich aus dem Trainergeschäft ganz zurückzuziehen. Im Nachhinein glaubt er zwar, dass diese Überlegung nur »aus der Enttäuschung heraus« kam, das Leben als Privatmann hat aber gewiss seine angenehmen Seiten.[35] Heynckes ist Fußballer durch und durch. Der Sport ist seine große Leidenschaft, ja, sein Lebensinhalt. Das wird gerade während seiner Auszeit deutlich. Wenn auch nicht als Trainer, so verfolgt er das Fußballgeschehen mit ungebrochenem Interesse als Fan und Experte. Für den Bökelberg hat Heynckes eine Dauerkarte, er fährt öfter in das 100 Kilometer entfernte Eindhoven und sieht sich die Spiele des PSV an und ist zu wichtigen Spielen in Mailand, London und Barcelona zu Gast. Außerdem wagt er einen Ausflug in die Welt des Fernsehens, analysiert Spiele für die UEFA und lernt nebenher Italienisch. Dann kommt er als neuer Bundestrainer ins Gespräch, lehnt das prestigeträchtige Amt aber ab. Dennoch ist sonnenklar: Jupp Heynckes und der Fußball sind untrennbar miteinander verbunden. Und schon bald wird er sich wieder zeigen, dieser Hunger, dieser unbändige Erfolgswille, der ihn all die Jahre über ausgezeichnet hat.

Im Sommer 1992 ist es dann so weit, und es geht auf zu neuen Ufern. Wieder einmal soll Jupp Heynckes seinem alten Lehrmeister Udo Lattek folgen. Diesmal führt ihn sein Weg nach Spanien. Nach Lattek und Hennes Weisweiler ist Jupp Heynckes der dritte deutsche Trainer in der Primera División. Die iberische Halbinsel wird bald schon so etwas wie seine zweite Heimat. Dabei spricht der Mann vom Niederrhein kein bisschen Spanisch. Dennoch wird er von den Einheimischen mit viel Wärme aufgenommen. Seine erste Trainerstation ist Athletic Bilbao. Dabei hat er den Basken auf die ersten Gespräche hin abgesagt. Der damalige Präsident José Julian Lertxundi will seinen deutschen Namensvetter aber unbedingt für seinen Verein gewinnen und bleibt hartnäckig. Lertxundi war schon von Heynckes begeistert, als dieser noch für Gladbach und die deutsche Nationalelf kickte. Außerdem schätzt der Präsident Heynckes wegen seiner starken Psyche, seiner Fußballexpertise und nicht zuletzt auch aufgrund seines Charismas.

Kurzum: Jupp Heynckes ist der Traumkandidat der Basken. Nur bezweifeln sie, dass ein Trainer seiner Kragenweite wirklich für Bilbao arbeiten würde. Dennoch nehmen die Basken ein zweites Mal Anlauf und laden den Gladbacher zum Derby gegen San Sebastián ein. Und diesmal überzeugt der Verein Jupp Heynckes. Im ausverkauften Estadio de San Mamés, von den Basken ehrfürchtig Kathedrale genannt, bietet die Elf aus Bilbao dem Publikum eine spannende Partie gegen den Kontrahenten aus San Sebastián. Nachdem sie mit 0:1 hinten liegen, drehen die Jungs von Athletic das Spiel und gewinnen mit 2:1. An diesem Tag herrscht Bombenstimmung in Bilbao, vielleicht hat sich Heynckes davon anstecken lassen und entscheidet sich deshalb für den kleinen Traditionsclub.

Bald darauf beginnt Jupp Heynckes seine Arbeit im Baskenland und wird von Beginn an hoch geschätzt. Dass er ein großer Trainer ist, spielt sicherlich eine Rolle, doch es ist vor allem Jupps menschliche Seite, die den Basken imponiert. Sie schätzen die deutschen Tugenden, die Jupp Heynckes an den Tag legt, doch vor allem gefällt ihnen der neue Trainer, weil er sich auch im persönlichen Umgang mit Fans, Spielern, Mitarbeitern und Funktionären große Mühe gibt. Er eignet sich schnell ein paar Happen Baskisch an und begrüßt Sponsoren und Management schon beim ersten Aufeinandertreffen mit ihren Namen. Heynckes ist wie immer top vorbereitet, und schon bald zeigen sich auch die ersten fußballerischen Erfolge. Mit ihm als Trainer hält die moderne Fußballschule Einzug ins Baskenland. Wie schon zuvor beim FC Bayern modernisiert er die Mannschaft und obendrein auch noch den ganzen Verein.

Heynckes fördert junge Talente wie Julen Guerrero, der sich unter dem deutschen Trainer zum Topstürmer entwickelt. In Heynckes' erster Saison führt er Bilbao auf den achten Platz, in der zweiten Spielzeit wird seine Mannschaft sogar Fünfter und qualifiziert sich für den UEFA-Cup. Spätestens damit avanciert Jupp Heynckes zum Held der Stadt, ja, des ganzen Baskenlandes. Die Bewunderung der Spanier geht sogar so weit, dass sie Heynckes mit dem ehemaligen Barcelona-Coach Johan Cruyff vergleichen. Der Trainer, der in der Bundesliga trotz beachtlicher Leistung bisweilen immer noch aneckte, scheint in Spanien endlich »angekommen« zu sein. Vorbei sind die Zeiten, in denen man ihn als »Osram« verspottet. Im Baskenland wird er bewundert und verehrt. »Don Jupp«, wie ihn die Einheimischen schon bald nennen, ist Respektsperson und Publikumsliebling zugleich. Die Spieler hören auf ihn und machen ihm damit seine Arbeit leicht. Keiner in seinem Team tanzt aus der Reihe, keiner fällt unangenehm durch Starallüren auf. Die Zeit im Baskenland ist für Heynckes eine prägende Zeit, an die er gerne zurückdenkt.

»Ich habe mich wohl gefühlt«, sagt Heynckes und man spürt, dass er es auch so meint.[36]

Der sportliche Erfolg kann sich sehen lassen, immerhin hat Heynckes aus einer mittelmäßigen Mannschaft mit begrenztem Etat in gerade einmal zwei Saisons eine Truppe gemacht, die die Zuschauerherzen begeistert und endlich wieder im oberen Tabellendrittel, ja, sogar international mitspielt. Dafür zollen ihm die Spanier tiefsten Respekt und die für Jupp Heynckes so wichtige Anerkennung. Für sie ist Jupp ein ganz Großer. Ein Fußballlehrer und Gentleman.

Am besten bringt es wohl Lertxundi auf den Punkt, der über Heynckes sagt: »Er ist ein Ritter mit einer Ethik wie nur wenige im Fußball.«[37]

Intermezzo in Frankfurt

Genau diese Ethik, für die er in Spanien noch gerühmt wird, wird schon bald auf die Probe gestellt. Als Jupp Heynckes nach seiner Zeit in Bilbao 1994 zu Eintracht Frankfurt wechselt, schlägt »Don Jupp« einen ungewohnt rauen Ton an. Er weiß, dass er mit der Eintracht gewissermaßen die Zicke der Bundesliga übernimmt, und stellt von Anfang an klar, wer ab jetzt der Chef ist.

»In meine Arbeit hat niemand reinzureden«, stellt Heynckes die neuen Verhältnisse klar.[38] Wer das dennoch tue, »kriegt eine aufs Maul«.[39]

So reibungslos seine Arbeit in Spanien verlief, so viele Steine liegen bei seiner Rückkehr in die Bundesliga plötzlich in Heynckes' Weg. Die Probleme mit seiner neuen Mannschaft häufen sich bereits, da hat die Saison noch nicht einmal richtig begonnen.

Der Frankfurter Topstürmer Anthony Yeboah kommt angeblich mit mächtig Übergewicht aus dem Urlaub zurück. Das schmeckt dem Verfechter von Ausdauer und Disziplin Jupp Heynckes natürlich ganz und gar nicht. Bereits bei seinem Amtsantritt hat er klargemacht, dass sich unter seiner Ägide in Frankfurt so einiges ändern wird. Heynckes fordert Gehorsam »vom Präsidenten bis zum Platzwart«.[40] Mit dieser autoritären Ansage macht sich Heynckes bei der doch recht lockeren Frankfurter Truppe nicht gerade beliebt.

Doch Jupp will Titel gewinnen, gerade mit einer Top-Mannschaft wie Frankfurt. Und Disziplin ist für Heynckes die Grundvoraussetzung für jegliche Form von Erfolg. Wie immer steckt er sich hohe Ziele. Sonst könnte er ja auch »Schneeweiß Betlehem trainieren«, so Heynckes.[41]

Von Mannschaftskapitän Yeboah fordert er, erst einmal drei Kilo abzunehmen. Darüber hinaus erwartet er von der gesamten Mannschaft unbedingte Leistungsbereitschaft und ein geschlossenes Auftreten als Team. Als er im Dezember ein zusätzliches Konditionstraining im Wald anordnet, weil er mit der Trainingsleistung gewisser Spieler unzufrieden ist, löst der neue Cheftrainer damit eine Meuterei aus. Das Offensivtrio um Maurizio Gaudino, Jay-Jay Okocha und Anthony Yeboah ist alles andere als begeistert von der autoritären Ader und der Disziplinversessenheit seines neuen Trainers. Nach der Zusatzeinheit im Wald haben sie die Nase voll und melden sich für das anstehende Spiel gegen den HSV allesamt krank. Sie seien kaputt, sowohl körperlich als auch mental, lautet die Entschuldigung, die eher einer direkten Arbeitsverweigerung gleichkommt. Da reißt Jupp Heynckes die Hutschnur, und er lässt die drei Offensivakteure suspendieren. Die Mannschaft steht zum Großteil hinter der Entscheidung des Trainers, und Yeboah und Gaudino können sich schon bald einen neuen Arbeitgeber suchen. Stärker machen die Abgänge der Ausnahmekönner die Eintracht selbstverständlich nicht. Okocha darf zwar bleiben, doch für das gewohnte Angriffsspiel reicht er allein nicht aus.

Im UEFA-Cup erreichen Heynckes' Frankfurter immerhin das Viertelfinale, scheiden da aber gegen die »Alte Dame« aus Turin aus. In der Liga sieht es hingegen ziemlich düster aus. Jupp Heynckes muss seine neue Wirkungsstätte bereits am 2. April 1995 nach einer 0:3-Schlappe gegen Schalke verlassen.

Damit endet sein kurzes Intermezzo in der Bundesliga, obwohl anfangs noch so große Erwartungen an ihn gestellt wurden. Dass er in Frankfurt ein paar eigensinnige Spieler in den Griff bekommen muss, war Heynckes bereits im Vorfeld klar. Er sah die Aufgabe als Herausforderung. Doch es ist eine, an der er sich die Zähne ausbeißt.

»Die Eintracht und ich, wir passen nicht zueinander«, sieht Heynckes letztlich ein und verlässt Frankfurt. Dass er auf seine Abfindung verzichtet, ist für den Gentleman vom Niederrhein Ehrensache.

Reif für die Insel

Die unerfreuliche Episode in Frankfurt ist Geschichte, und für Jupp Heynckes steht wieder einmal ein Tapetenwechsel an. Diesmal zieht es ihn auf das kanarische Inselparadies Teneriffa. Sein neuer Arbeitgeber ist nicht gerade das, was man im Fußball gemeinhin als große Nummer bezeichnen würde. Als Jupp Heynckes bei CD Teneriffa die

Zügel übernimmt, steht die Mannschaft nicht besonders gut da. Platz 15 in der Vorsaison. Jetzt soll »Don Jupp« es richten.

Und wie schon zuvor in Bilbao wird Jupp Heynckes geradezu märchenhafte Erfolge mit seiner neuen Mannschaft feiern. Dafür muss er den Verein zuerst einmal von Grund auf umkrempeln. Mit Heynckes kommt ein frischer Wind auf die Insel, deutsche Tugenden halten Einzug. Der Rasen hat von nun an schön kurz zu sein. Das ist eine Grundvoraussetzung für anständigen Fußball. Im Duschraum soll es gefälligst warmes Wasser geben, und die Spieler haben sich an seine Regeln zu halten, wenn sie besser werden wollen. Und nicht nur die Spieler. Die Regeln des neuen Trainers haben für alle Vereinsmitglieder Gültigkeit. Ob Zeugwart oder Präsident, Heynckes behandelt alle gleich. Das muss der damalige Vizepräsident schmerzhaft am eigenen Leib erfahren. Als er einmal ein bisschen zu spät zum Mannschaftsessen kommt, schickt ihn der deutsche Trainer entschieden wieder weg. Unter ihm gehen die Uhren anders. Und es hat sich jeder daran zu halten. Disziplin, Moral, Teamstärke. Das macht eine Mannschaft in Heynckes' Augen aus. Und auch in Teneriffa bringt er mit seiner Philosophie einiges in Bewegung.

In seiner ersten Saison steht ihm mit dem Argentinier Juan Antonio Pizzi ein starker Stürmer zur Verfügung. Um ihn herum lässt Heynckes mit seiner neuen Mannschaft erfolgreichen Angriffsfußball spielen. Defensiv führt er eine Mischung aus hohem Abwehrpressing und Mittelfeldpressing ein. Dank seines variablen Systems, das von 4-4-2 auf 4-1-3-2 umschalten kann, bringt seine neue Mannschaft eine enorme Durchschlagskraft auf den Platz. Und am Ende der Saison macht Heynckes mit dem CD Teneriffa die Sensation perfekt. In der Liga führt er den Verein auf den fünften Platz und landet damit vor Real Madrid. Außerdem kann sich seine Mannschaft mit diesem Ergebnis für den UEFA-Cup qualifizieren. Teneriffa auf der europäischen

Fußballbühne! Ein Jahr zuvor hätte das wohl niemand für möglich gehalten. Dazu wird Pizzi Torschützenkönig der Primera División. Das ist für den Spieler und auch für seinen Trainer sicherlich hocherfreulich. Für Heynckes hat es aber auch eine Schattenseite, denn der torgefährliche Argentinier wechselt nach der Saison zum FC Barcelona.

Heynckes weiß jedoch mit dem Abgang seines Topstürmers umzugehen. Da seinen Spielern die individuelle Klasse für den Heynckes-typischen Offensivfußball fehlt, konzentriert er sich in seiner Arbeit verstärkt auf die Abwehr. Er stärkt das Positionsspiel seiner Mannschaft und etabliert einen Konterfußball, der sich sehen lassen kann. In seiner zweiten Saison belegt »Don Jupp« mit dem CD Teneriffa den neunten Tabellenplatz. Ein sehr ordentliches Ergebnis.

So richtig kribbelig wird es im UEFA-Pokal. Nachdem sich Jupp Heynckes' Elf in der ersten Runde gegen Macabi Tel Aviv mit einem Sieg und einem Remis behaupten kann, kommt bereits in der zweiten Runde mit Lazio Rom ein dicker Brocken auf die Guanchen – wie man die Einwohner Teneriffas auch nennt – zu. Im Hinspiel müssen sich Heynckes' Jungs den Italienern mit 0:1 geschlagen geben.

Im Rückspiel dreht Teneriffa dann so richtig auf und gewinnt spektakulär mit 5:3. In der dritten Runde gilt es Feyenoord Rotterdam zu überwinden. Die Holländer befinden sich zu dieser Zeit nicht in ihrer stärksten Phase, dennoch sind sie verglichen mit Teneriffa ein wahrer Fußballgigant. Doch Jupp Heynckes' Mannschaft kann sich auch gegen diesen Goliath behaupten. Nach einem 0:0 im Hinspiel setzt sich Teneriffa mit 4:2 durch und zieht ins Viertelfinale ein. Diesmal geht es gegen Brøndby IF aus Dänemark. Nach einer Niederlage im Hinspiel triumphiert Teneriffa aber auch dieses Mal. Das Team besiegt die Dänen mit 2:0 nach Verlängerung und erreicht tatsächlich das Halbfinale.

Am 8. April 1997 empfängt der krasse Außenseiter aus Teneriffa, auf den zu Saisonbeginn wohl niemand auch nur einen Pfennig gesetzt hätte, den FC Schalke 04. Das Éstadio Heliodoro Rodríguez López platzt an diesem Europapokalabend aus allen Nähten. Die Stimmung ist prächtig und steigert sich in dieser Nacht in bis dahin für Teneriffa ungekannte Sphären. Nach einem klaren Foul des Schalkers Olaf Thon im eigenen Sechzehner pfeift der Schiedsrichter Elfmeter für die Gastgeber. Felipe versenkt den Ball souverän rechts unten im Schalker Kasten und bringt seine Mannschaft so in der sechsten Minute mit 1:0 in Führung. Die Euphorie über den Führungstreffer wird schon bald gedämpft, als Vivar in der 55. Minute wegen einer Tätlichkeit gegen seinen Schalker Gegenspieler die Rote Karte sieht. Ab da ist Jupp Heynckes' Mannschaft nur noch zu zehnt, und es sind noch 35 Minuten zu spielen. Ganz bitter wird es schließlich, als Teneriffas Torwart Ojeda bei einem Angriff der Schalker aus seinem Kasten kommt. Ojeda geht ungestüm in den Zweikampf, fällt den Angreifer im blauen Trikot im eigenen Strafraum und sieht ebenfalls Rot. Jetzt spielt Teneriffa nur noch zu neunt, und der Schalker Johann de Kock macht sich bereit zum Elfmeter. Es sind dramatische Szenen, die sich an diesem Abend auf der Kanareninsel abspielen. Die frühe Führung, dann zwei Rote Karten – und am Ende liegt alles auf Messers Schneide. Doch de Kock verschießt, und Teneriffa jubelt. 1:0 für den Underdog. Ein Sieg im Halbfinale des UEFA-Pokals. Unglaublich, aber wahr. Geht da vielleicht noch mehr?

Als sich die beiden Teams zwei Wochen später in Gelsenkirchen gegenüberstehen, kommt es zur Entscheidung. Doch dieses Mal gehen die Schalker entschlossener ans Werk und setzen Jupp Heynckes' Mannschaft von Anfang an unter Druck. Allein die Eckenbilanz von 14:1 in der 68. Minute aus Schalker Sicht spricht Bände. Doch der Kasten der Gäste scheint lange wie zugemauert. Mit der 15. Ecke zerbricht das Abwehrbollwerk von Teneriffa schließlich doch noch.

Thomas Linke erzielt für Schalke per Kopf das 1:0. Die Mannschaft von Huub Stevens führt gegen Jupp Heynckes' Truppe. Mit diesem Spielstand geht es in Verlängerung. Vielleicht geht ja noch was für »Don Jupp« und die Spanier. Die Hoffnung stirbt bekanntlich zuletzt.

Teneriffa kann sich an diesem Abend jedoch nicht erneut gegen die starken Schalker behaupten. Letztlich versetzt Marc Wilmots den letzten Hoffnungsschimmern der Spanier in der 108. Spielminute den Todesstoß. Erneut ist es ein Standard, und erneut trifft ein Schalker mit dem Kopf.

»Don Jupp« und seine Jungs sind geschlagen. Und doch sind sie Gewinner. Auch wenn Schalke letztlich den UEFA-Pokal holt, ist der Einzug ins Halbfinale eine fantastische Leistung für Heynckes und seine Mannschaft. Eine Leistung, die sich schnell herumspricht und im weit entfernten Madrid auf offene Ohren stößt.

»Don Jupp« und die Königlichen

Raúl, Roberto Carlos, Fernando Morientes, Clarence Seedorf, Predrag Mijatović, Christian Karembeu – die Liste ließe sich noch weiter fortsetzen. Es sind klingende Namen, große Namen, die sich unter dem Banner von Real Madrid Ende der 1990er-Jahre versammelt haben. Man nennt sie die Königlichen, die Galaktischen, das Weiße Ballett. Allein der Name Real Madrid ist Ehrfurcht gebietend. Zwölf Mal hat der Verein inzwischen die Champions League bzw. den Europapokal gewonnen. So oft wie keine andere Mannschaft. 2017 konnte die Mannschaft um Superstar Cristiano Ronaldo als erster Verein überhaupt den Henkelpott der Königsklasse verteidigen und die Champions League zwei Mal in Folge gewinnen. An diese Leistung reicht keiner heran. Kein FC Barcelona, kein Ajax Amsterdam, kein AC Mailand und auch kein FC Bayern.

Doch auch für die Königlichen ist nicht immer alles nur eitel Sonnenschein. Trotz der großen Erfolge und der sagenhaften Vereinsgeschichte gibt es auch immer wieder Durststrecken für Madrid. Auf einer solchen Durststrecke befindet sich Real auch, als Jupp Heynckes 1997 Cheftrainer in der spanischen Hauptstadt wird. 32 Jahre ist es her, dass die Mannschaft zuletzt den Europapokal gewinnen konnte. Jetzt soll der Fußballlehrer aus Deutschland endlich wieder für den ganz großen Coup auf dem europäischen Parkett sorgen. Der Kurs steht von Anfang an fest. Nicht weniger als den Gewinn des Henkelpotts erwarten die Bosse aus Madrid. Es geht um »La Séptima«, den siebten Champions-League-Titel. Und Jupp Heynckes ist bereit zu liefern. Sein Spanisch ist inzwischen perfekt, seine Erfolge in der Vergangenheit sprechen für sich. Mit dem Starensemble von Real hat er auch die nötigen Spieler zur Verfügung. Es ist endlich an der Zeit, den ganz großen Wurf zu wagen.

Der Druck ist von Beginn an überwältigend. Bei seinem ersten Training im Bernabéu-Stadion schüttet es wie aus Kübeln. Trotzdem sind 80.000 Zuschauer auf den Rängen, um die Mannschaft und den neuen Trainer zu sehen. Die Stimmung ist gigantisch, der Lärm der Zuschauer übertönt alles andere. Madrid ist eine eigene Größenordnung. Hier ist Fußball nicht nur Leidenschaft, hier ist Fußball Fanatismus. Spätestens in diesem ersten Training wird Jupp Heynckes klar, worauf er sich da eingelassen hat. Die Menge will Erfolge sehen. Und er verspricht sie ihnen. »La Séptima« heißt das große Ziel der Saison.

Doch der Ligastart lässt zu wünschen übrig. Ein 1:1-Unentschieden gegen den Lokalrivalen Atlético. Da muss mehr gehen. In den nächsten Spielen läuft es besser, und Jupp Heynckes kann mit seiner neuen Mannschaft die ersten Siege feiern. Am siebten Spieltag gelingt Heynckes' Königlichen mit 3:0 über seinen Ex-Club Teneriffa ihr bis dahin höchster Sieg in der laufenden Saison. Im nächsten Spiel springt gegen Mallorca nur ein 0:0 heraus. Dann passiert es. Ausgerechnet im Clásico gegen den Ligakonkurrenten aus Barcelona. Und dann auch noch im eigenen Stadion. Am 1. November 1997 fängt sich Real Madrid mit 2:3 die erste Schlappe der Saison ein. Weitere Niederlagen folgen, und Real verpasst schon bald den Anschluss an van Gaals FC Barcelona. Am Ende belegt Jupp Heynckes' Mannschaft einen enttäuschenden vierten Platz.

Die Ursache für das schlechte Ergebnis sieht Heynckes aber nicht in den Spielern. Zwar habe er einige schwierige Charaktere im Team, doch sie seien allesamt Vollprofis und hoch fokussiert. Vor allem auf die Champions League. Kaum ein Tag vergeht, an dem in Madrid nicht von »La Séptima« gesprochen wird. Vermutlich ist gerade das der Fehler. Das unbefriedigende Ergebnis in der Liga ist nicht zuletzt der Tatsache geschuldet, dass »[...] die Spieler diesen Wettbewerb gar nicht erst wahrnahmen«, erklärt Jupp Heynckes.[42]

In seiner ersten und einzigen Saison bei den Königlichen sind sämtliche Aufmerksamkeit und Energie einzig und allein auf die Champions League konzentriert. So lässt sich wahrscheinlich auch die Pokalpleite gegen den Zweitligisten aus Alavés erklären. Bereits in der zweiten Runde müssen sich die Madrilenen aus der Copa del Rey verabschieden und viel Spott über sich ergehen lassen.

Jupp Heynckes' Aufgabe in Madrid ist wie zuvor bei den Bayern alles andere als leicht. Es gilt dieselbe Regel wie in München: Wer keinen Erfolg hat, der fliegt. Nur dass diese Regel in Madrid noch weitaus strenger ausgelegt wird als in der bayrischen Hauptstadt.

Verantwortlich für den Misserfolg von Heynckes' Elf in Liga und Pokal ist eine Kombination aus mehreren Faktoren. Zum einen wäre da die fehlende Konstanz seiner Superstars. Mal spielen sie galaktisch, hin und wieder auch außerirdisch – im negativen Sinne. Dazu kommt Heynckes' kompromissloser Führungsstil. Einigen Spielern soll »Don Jupp« zu autoritär sein. Es gibt aber auch Profis in den Reihen der Madrilenen, die den stets ehrlichen und klaren Heynckes sehr schätzen. Etwa der Ausnahmestürmer Raúl, der sich gerne an die Zeit unter dem Fußballlehrer vom Niederrhein zurückerinnert. Oder der nicht immer ganz unproblematische Predrag Mijatović, der über Heynckes sagt: »Für mich war er der wichtigste Trainer meiner Karriere.«[43]

Entscheidend ist für Heynckes vor allem auch der Machtkampf, der sich in der Vereinsspitze während seiner Zeit in Madrid abspielt. Er merkt schon früh, dass er für die Bosse nicht viel mehr ist als ein weiterer Trainer. Sie geben ihm weder den nötigen Rückhalt, noch zeigen sie sich ihm gegenüber loyal. Umso höher ist deshalb sein Erfolg einzuordnen. Wer seine Mannschaft trotz solcher interner Hindernisse zu den Höhen des europäischen Fußballs führen kann, dem gebühren höchster Respekt und höchste Anerkennung.

Der Auftakt seiner Mannschaft in der Gruppenphase der Königsklasse kann sich sehen lassen. Mit Rosenborg Trondheim steht Real Madrid aber auch ein echter Aufbaugegner gegenüber. Heynckes' Jungs setzen sich mit einem 4:1-Sieg durch und können auch ihre beiden anderen Partien der Hinrunde siegreich bestreiten. In der Rückrunde allerdings zeigt seine Mannschaft Formschwächen und spielt 0:0 gegen Olympiakos Piräus. Darauf folgt eine peinliche 0:2-Niederlage in Trondheim. Doch die Madrilenen fangen sich wieder und werden mit einem überzeugenden 4:0-Sieg gegen den FC Porto Gruppenerster. Im Viertelfinale setzen sich die Königlichen gegen Bayer 04 Leverkusen mit einem Sieg und einem Unentschieden durch. Ob Heynckes schon ahnt, dass er später einmal die Werks-Elf übernehmen wird?

Im Halbfinale kommt es dann zu genauso unvergesslichen wie skurrilen Szenen. Das Hinspiel findet im Bernabéu statt, wo Real den Titelverteidiger aus Dortmund empfängt. Passenderweise fällt die Begegnung auf den 1. April 1998. Die Partie steht kurz vor dem Anpfiff, da passiert um 20:44 Uhr das Unglaubliche: Etliche Fans klettern auf den Zaun zwischen Tribüne und Stadion und bringen die Absperrung damit zum Einsturz. Dabei fällt der Zaun auf ein Tor und reißt es mit sich zu Boden.

Günther Jauch, der zusammen mit Marcel Reif das Spiel kommentiert, scherzt daraufhin: »[...] [D]as erste Tor ist schon gefallen.«[44] Die beiden Kommentatoren witzeln ein wenig über die kuriosen Szenen, die sich auf dem Platz abspielen, glauben aber, dass das Spiel in wenigen Minuten beginnen wird. So lange kann es ja wohl nicht dauern, ein neues Tor aufzutreiben. Doch weit gefehlt, dieser seltene Aprilscherz verzögert den Anpfiff um ganze 76 Minuten. Reif und Jauch kommentieren das Geschehen frei von der Leber weg und füllen den gesamten Zeitraum mit sehr kurzweiligem Geplänkel. Später bekommen die beiden sogar den bayrischen Fernsehpreis für ihre Ad-hoc-Performance.

Eine irre Geschichte, die Jupp Heynckes lebhaft in Erinnerung bleibt. »Ich dachte, die Spanier kriegen das nie hin«, erzählt er in einem späteren Interview.[45] Ob er während der langen Wartezeit in der Kabine auch an den »Pfostenbruch vom Bökelberg« denken muss? Möglich wär's. Damals war das umstürzende Tor kein gutes Omen für seine Fohlen-Elf. Dementsprechend liegt natürlich eine Frage auf der Hand: Werden sich die verrückten Szenen im Bernabéu erneut auf das Ergebnis eines für Heynckes so wichtigen Spiels auswirken?

Als das Ersatztor endlich aufgestellt ist, steht der Partie nichts mehr im Wege. Die beiden Mannschaften bieten den Zuschauern eine packende Vorstellung mit Chancen auf beiden Seiten. Beste Stimmung im Stadion, die sich noch steigert, als Roberto Carlos nach einem Abwehrfehler der Dortmunder den Ball tief in der gegnerischen Hälfte erobert. Während die Gäste umschalten, hat Carlos viel Zeit. Er sieht Fernando Morientes am zweiten Pfosten, bedient ihn punktgenau, und Morientes trifft zum 1:0. Nach dem Führungstreffer haben Heynckes' Madrilenen das Spiel fest im Griff und stürmen unaufhörlich Richtung Dortmunder Tor. Lediglich die Chancenverwertung lässt zu wünschen übrig. Trotz der bestechenden Überlegenheit der Königlichen erzielen sie erst in der 67. Minute das 2:0. Dieses Mal trifft Mittelfeldspieler Christian Karembeu und setzt mit seinem Tor den Deckel auf das Spiel. Das Rückspiel in Dortmund endet torlos 0:0, und »La Séptima« ist auf einmal zum Greifen nah.

Am 20. Mai 1998 findet das große Finale in Amsterdam statt. Der Henkelpott befindet sich bereits im Stadion. Wird es Jupp Heynckes gelingen, seiner bisher verkorksten Auftaktsaison doch noch die Krone aufzusetzen und Real endlich wieder an die europäische Spitze zu führen? In Juventus Turin sieht sich seine Mannschaft mit einem Gegner konfrontiert, der es in sich hat. Mit Zinédine Zidane, Alessandro Del Piero, Filippo Inzaghi, Edgar Davids und vielen mehr bietet »La Vecchia Signora« ein ebenso hochkarätiges Starensemble auf wie Real Madrid.

Juve-Coach Marcello Lippi hat sich für diesen Abend etwas Besonderes einfallen lassen. Statt wie üblich links außen lässt er Zidane auf seiner Lieblingsposition hinter den Spitzen auflaufen. Auf der linken

Seite wechseln sich Edgar Davids und Gianluca Pessotto ab, aber auch Zidane und Inzaghi ziehen immer wieder auf den linken Flügel. Offensiv zeigt sich Juve sehr variabel, insbesondere mit Zidane, der an diesem Gala-Abend mit allen denkbaren Freiheiten ausgestattet ist. Hinten stehen die Italiener sehr sicher. Mit einer starken Dreierabwehrkette halten sie den Strafraum sauber. Durch ihr präzises Kurzpassspiel und den starken Zug zum Tor sorgen die Mannen aus Turin schon früh im Spiel für Gefahr. Doch sie scheitern meist an der gut aufgestellten Madrider Abwehr. In der zwölften Minute ist es Zidane, der nach einem Freistoß von Del Piero nur knapp am linken Pfosten vorbeischießt. Es ist die bis dahin wohl gefährlichste Torszene des Spiels.

Heynckes reagiert mit einem variablen System auf die Taktik seines Konkurrenten Lippi. Seine Elf zeigt sich sehr dynamisch und wechselt fließend zwischen 4-4-2 und 4-3-3. Mit den beiden zentralen Mittelfeldspielern Redondo und Karembeu treten die Madrilenen robust und kreativ zugleich auf. Insbesondere Redondo kann durch seine Laufarbeit Räume schaffen. Auf der Rechtsaußenposition hat Heynckes mit dem Ausnahmekönner Clarence Seedorf eine echte Geheimwaffe zur Verfügung. Raúl hat als hängende Spitze hinter Morientes jede Menge Freiheiten. Ebenso wie Mijatović, der überall zu sein scheint und permanente Torgefahr ausstrahlt. In der Defensive lässt Heynckes sein bewährtes Mittelfeldpressing und eine positionsorientierte Raumdeckung spielen. Und seine Taktik geht auf.

Das Heynckes-typische aggressive Pressing im Mittelfeld unterbindet erfolgreich Konterangriffe des Favoriten aus Turin und verschafft den Madrilenen Ballbesitz. Nach der starken Anfangsphase der Italiener findet Jupp Heynckes' Mannschaft immer besser ins Spiel. Ein Freistoß von Fernando Hierro und die darauffolgende Ecke von Seedorf stellen die Turiner Hintermannschaft erstmals auf die

Probe. Doch die »Alte Dame« ist alles andere als gebrechlich und reagiert mit einem gefährlichen Gewaltschuss von Edgar Davids.

Das Spiel geht hin und her. Mijatović setzt sich auf dem linken Flügel durch und spielt einen Traumpass auf Raúl. Doch der Spanier legt den Ball knapp am linken Pfosten vorbei. Es folgt ein Freistoß für Madrid aus guter Entfernung. Ein Fall für den Spezialisten Roberto Carlos. Der Brasilianer zieht flach und fulminant ab, doch auch ihm ist in dieser Phase des Spiels kein Tor vergönnt. Die erste Halbzeit endet torlos. Die Mannschaften verschwinden für die Pause in ihren Kabinen. In der zweiten Hälfte finden die Italiener gut zurück ins Spiel und sorgen mit Inzaghi und Zidane immer wieder für höchste Gefahr im Sechzehner der Königlichen. Doch sie bringen den Ball nicht über die Linie.

In der 67. Minute ist es dann Predrag Mijatović, der Real mit 1:0 in Führung bringt. Es ist ein Klassetor des Stürmers aus Montenegro. Nach einem abgefälschten Schuss von Roberto Carlos kommt Mijatović als erster an den Ball, lässt den Torwart Peruzzi aussteigen und hebt den Ball elegant mit dem linken Fuß ins Tor. Doch Turin ist noch nicht geschlagen. Die Italiener wissen, was auf dem Spiel steht, und hängen sich in der Schlussphase noch einmal voll rein. Wieder kommen sie über links. Diesmal ist es Del Piero, der für Inzaghi vorbereitet, aber der Stürmer scheitert ganz ähnlich wie zuvor schon Raúl aufseiten des Gegners und schießt links am Tor vorbei. Danach tanzt sich Edgar Davids mit einem phänomenalen Alleingang durch die gesamte Madrider Defensive und kommt aus nächster Nähe zum Abschluss. Aber sein Schuss landet direkt in den Armen des deutschen Real-Keepers Bodo Illgner.

Unermüdlich stürmen die Italiener weiter und holen einen Freistoß aus guter Position heraus. Jetzt sind Zidanes Künste gefragt. Seine

Mannschaftskollegen stehen im Sechzehner zum Kopfball bereit, aber Zidane entscheidet sich für die direkte Variante. Der Ball kommt in einem schönen Bogen aufs Tor, geht letztlich aber knapp am rechten Pfosten vorbei. Noch fünf Minuten zu spielen. Und erneut kommt Inzaghi aus guter Position zum Abschluss. Doch es hilft alles nichts. Inzaghi schießt auch dieses Mal knapp an Illgners Kasten vorbei.

Kurz vor Schluss kommt es dann noch zu unschönen Szenen. Nach einem Foul an Redondo schießt Torricelli dem bereits am Boden liegenden Madrilenen den Ball mit voller Wucht an den Kopf. Erbost springt Redondo auf und bekommt prompt die Faust von Mark Iuliano ins Gesicht. Eine unnötige Tätlichkeit so kurz vor Schluss, die letztlich ungeahndet bleibt. Es kommt zur obligatorischen Rudelbildung, doch die Spieler beruhigen sich, und die Partie kann weitergehen. Die Schlussphase bleibt ruppig. Seedorf holt sich mit einem üblen Foul gegen Davids Gelb, und der Schiedsrichter zeigt ihm gleich darauf noch die Rote Karte. Doch der Irrtum klärt sich schnell auf, und es bleibt bei Gelb.

Die Karte ändert nichts mehr am Ergebnis. Nach einem hart umkämpften Finale gewinnt Jupp Heynckes mit Real Madrid die Champions League und macht sein Versprechen wahr. Es ist endlich geschafft. »La Séptima« ist Wirklichkeit geworden. Der Henkelpott kehrt nach 32 Jahren zurück nach Madrid, und der Jubel könnte kaum euphorischer sein. Die Spieler in den weißen Trikots fallen sich in die Arme und feiern ihre Leistung. Auch das Publikum jubelt. Und was macht Jupp Heynckes?

Er klatscht und lächelt. Ob er schon weiß, was ihm bevorsteht? Wahrscheinlich ahnt er bereits, welche Gedanken den Real-Bossen durch den Kopf gehen. Doch das kann ihm egal sein, denn er hat für sich selbst bereits im Dezember des Vorjahres beschlossen, dass seine Anstellung bei Real nach dieser einen Saison zu Ende gehen wird. Die Kündigung trifft ihn daher nicht besonders. Heynckes hat sogar überlegt, ob er nach der Saison zurücktreten soll. Das wäre dann aber doch zu selbstlos gewesen, meint Heynckes. So wie der Vorstand des Vereins ihn behandelt, obwohl er mit der Mannschaft die Champions League gewinnt, sieht er es nicht ein, »Real Madrid noch etwas zu schenken«.[46]

Über den Erfolg in der Königsklasse kann Heynckes sich dennoch freuen. Er hat lange mit seiner Mannschaft auf diesen Punkt hingearbeitet. Jetzt ist es an der Zeit, die Früchte seiner Arbeit zu genießen. Der Triumphzug seiner Mannschaft durch die Straßen von Madrid wird Jupp Heynckes wohl für immer im Gedächtnis bleiben. Im Cabrio fährt der Trainer durch die spanische Hauptstadt. Die Straßen sind von Menschenmassen gesäumt. Zwei Millionen Fans jubeln dem Champions-League-Sieger zu. Ein unbeschreibliches Erlebnis, so Heynckes. »Man kommt sich vor wie im Film.«[47]

Doch jeder Film geht einmal zu Ende. So auch Jupp Heynckes' Zeit bei Real Madrid, die ihm trotz aller Schwierigkeiten auch viele schöne Momente beschert hat.

Ein Jahr in Lissabon

Nach dem großen Triumph in der Königsklasse und seinem unwürdigen Abschied aus Madrid lässt Jupp Heynckes die Dinge erst einmal ruhiger angehen. Mit Real Madrid verlässt er nach dem FC Bayern seinen zweiten großen Club. Nach der strapaziösen Zeit in der spanischen Hauptstadt hat er sich eine Auszeit redlich verdient.

Lange kann der Fußballenthusiast Jupp Heynckes den Ball aber nicht ruhen lassen. Im Sommer 1999 zieht es ihn zum portugiesischen Traditionsclub Benfica Lissabon. Es soll ein kurzes Kapitel in seiner Trainerkarriere werden. Die anfängliche Freude über das Zusammentreffen mit der portugiesischen Fußballlegende Eusebio wird schon bald getrübt.

Das kann auch die Verpflichtung des deutschen Top-Torhüters Robert Enke nicht abwenden. In der Liga läuft es zwar gar nicht so schlecht, der dritte Platz am Ende der Saison ist für Benfica aber doch etwas zu wenig. Ganz bitter trifft es Heynckes' Mannschaft im UEFA-Cup. In der dritten Runde geht es gegen Celta Vigo aus Spanien. Der im Vorhinein nicht gerade übermächtig erscheinende Gegner beschert ihm das schlimmste Debakel seiner bisherigen Karriere. Das Auswärtsspiel in Vigo wird zu einer regelrechten Vorführung von Jupp Heynckes' neuer Mannschaft. Mit 0:7 muss sich Benfica an diesem Abend geschlagen geben. Das haben die mitgereisten portugiesischen Fans so sicher nicht erwartet, und sie machen ihrem Frust laustark Luft. Selbst nach dem Spiel sind viele Fans noch immer dermaßen erzürnt, dass Heynckes und seine Spieler nur unter Polizeischutz zum Mannschaftsbus durchkommen.

Das 0:7 ist nicht nur für den Verein ein Schlag ins Gesicht, auch der Trainer zeigt sich angesichts des katastrophalen Ergebnisses sichtlich enttäuscht. »Noch nie habe ich sieben Tore kassieren müssen«, gesteht Heynckes nach dem Spiel.[48]

In der folgenden Saison tritt Heynckes zwar noch als Cheftrainer von Benfica an, doch die gemeinsame Zeit findet schon bald ein Ende. Nach einer Niederlage im Auftaktklassiker gegen den FC Porto kann Heynckes' Mannschaft am zweiten Spieltag gegen den SC Beira-Mar den ersten Saisonsieg feiern. Es folgen ein Unentschieden in der Liga gegen Leiria und eine Niederlage im UEFA-Cup gegen den schwedischen Club Halmdstads BK. Jupp Heynckes' letztes Spiel als Cheftrainer von Benfica bringt zwar einen Sieg ein, doch da sind die Proteste der Fans gegen ihn schon sehr laut, und er fühlt sich nicht mehr wohl in seiner Haut. Bevor der Club ihn vor die Tür setzen kann, zieht Heynckes die Notbremse und tritt freiwillig zurück. Damit endet seine Zeit in Portugal im September 2000. Sein Nachfolger steht bereits in den Startlöchern. Es ist der damals zumindest als Trainer noch recht unbekannte José Mourinho. So verschieden sie auch sein mögen – Jahre später zählen die beiden ehemaligen Benfica-Coaches zur weltweiten Trainerelite des Profifußballs.

Bilbao die Zweite

Der einst als leicht reizbar und explosiv verschriene Jupp Heynckes wird mit den Jahren immer entspannter. So zieht sich »Don Jupp« nach seinem Abschied aus Lissabon für ein Jährchen zurück – und genießt es. Endlich hat er wieder Zeit für Familie und Haustiere, für lange Spaziergänge mit seiner Frau und die von ihm so geliebte Musik. Er ist ein großer Fan von Sammy Davis Jr., Elton John und Bruce Springsteen. Auch Michael Jackson und Paul McCartney haben es ihm angetan. Sie alle und noch einige mehr hat er schon live gesehen. Udo Jürgens kannte er persönlich und war sehr betroffen, als er von seinem Tod erfuhr. Als junger Spieler hatte er einmal sogar Gelegenheit, nach Las Vegas zu einem Konzert des »King of Rock'n'Roll« Elvis Presley zu fahren, doch er entschied sich dafür, die Sommerpause zur Erholung zu nutzen, und blieb zu Hause.

Jupp Heynckes ist eben Profi durch und durch und weiß seine Prioritäten zu setzen. Und die gelten von Anfang an dem Fußball. So ist es nicht weiter verwunderlich, dass er nach dieser Auszeit im Sommer 2001 erneut ins Baskenland zieht und seine zweite Amtszeit bei Athletic Bilbao antritt. Er schätzt die Basken und ihre Arbeitsmoral, fühlt sich wohl in Bilbao, wo er schon längst eine Legende ist.

Heynckes unterschreibt einen Zweijahresvertrag bei Athletic und knüpft schon bald an die Leistungen seiner ersten Amtszeit an. Unter anderem zeigt sich wieder einmal der Talentscout in Heynckes, als er den jungen Stürmer Aritz Aduriz zu den Profis beruft. In der weiteren Saison liefert seine Mannschaft vor allem im spanischen Pokal, der »Copa del Rey«, eine sensationelle Leistung ab. Die Rot-Weißen ziehen mit ihrem neuen Trainer ungeschlagen ins Halbfinale der Copa ein. Das gab es zuletzt 1987. Im Hinspiel können sich die Basken zwar noch mit 2:1 gegen Real Madrid durchsetzen. Doch der Traum vom Einzug ins Pokalfinale endet im Rückspiel, das Jupp Heynckes' Mannschaft mit 0:3 verliert.

In der Liga fährt Jupp Heynckes ein mittelmäßiges Ergebnis ein. Seine Mannschaft wird in der ersten Saison Neunter und verpasst damit die Teilnahme am UEFA-Cup.

In der nächsten Saison läuft es in der Liga ein wenig besser für die Basken. Diesmal stehen die Chancen für eine UEFA-Pokalteilnahme nicht schlecht. Dafür müsste Jupp Heynckes' Mannschaft am letzten Spieltag Real Madrid besiegen. Dieser Coup gelingt Bilbao aber nicht. Erneut sind es die Madrilenen, die Jupp Heynckes einen Strich durch die Rechnung machen. So zieht statt Athletic Bilbao der FC Barcelona in den UEFA-Cup ein.

Auch wenn das sportliche Ergebnis akzeptabel ist, wird die Saison doch vom tragischen Tod des Vereinspräsidenten Javier Uría überschattet. Der Mann, der Heynckes zu seiner zweiten Amtszeit nach Bilbao holte, erliegt kurz vor Saisonende seinem Krebsleiden.

Letztlich wird Heynckes' Truppe Siebter. Ein passables Ergebnis, mit dem sein Engagement in Bilbao schließlich zu Ende geht.

Rückkehr in die Bundesliga – Das Ende einer Ära?

2003 kehrt Jupp Heynckes zum zweiten Mal aus dem Baskenland in die Bundesliga zurück. Und zum zweiten Mal übernimmt er einen Traditionsverein. Dieses Mal ist es Schalke 04. Im Unterschied zu seinem Amtsantritt in Frankfurt muss er in Gelsenkirchen nicht erst klarstellen, wer von nun an das Sagen hat. Seine Erfolge sprechen für ihn, und er tritt weitaus ruhiger auf als damals.

Der Fußballlehrer hat ein gutes Gefühl im Hinblick auf seinen neuen Arbeitgeber. Anders als in Madrid scheint mit Rudi Assauer auch der Manager der Schalker voll hinter Jupp Heynckes zu stehen.

»Die Chemie zwischen uns stimmt«, glaubt Heynckes. Genau wie er sei auch Assauer »Fußball-Enthusiast«.[49] Aber nicht nur das Verhältnis zur Chefetage scheint zu passen, auch die Fans begrüßen ihren neuen Coach voller Begeisterung. Beim ersten Training unter Jupp Heynckes sind 5000 Schalke-Anhänger im Stadion und feiern den neuen Trainer. Auch die Spieler haben ein gutes Gefühl. Heynckes macht Eindruck in Schalke. Nicht nur wegen seines Fachwissens, seiner Souveränität und Führungsstärke, sondern auch wegen seiner inspirierenden Kabinenansprachen.

Der damals noch recht junge Gerald Asamoah erinnert sich noch gut an seine Zeit unter dem großen Jupp Heynckes. Dabei läuft es anfangs gar nicht gut für den Stürmer. Er hat das Gefühl, Heynckes hätte persönlich etwas gegen ihn. Das harte Training des disziplinierten Trainers macht Asamoah ziemlich zu schaffen, und er fürchtet schon, dass es ihm bald so ergehen wird wie einst Anthony Yeboah. Später sieht er aber ein, dass Heynckes nur das Optimum aus ihm herausholen will. Denn der Coach sieht, zu welchen Leistungen Asamoah imstande ist, wenn er nur eisern an sich arbeitet. Ein paar Kilos sollten runter. Dafür muss Asamoah Extraeinheiten einlegen und seine Ernährung umstellen.

Die positive Wirkung stellt sich schon bald ein, und der junge Stürmer wird immer besser. Nach den anfänglichen Bedenken entwickelt sich Jupp Heynckes in Asamoahs Augen schnell zur Vaterfigur. Er verlangt nämlich nicht nur Leistung, sondern kann sich auch in seine Spieler hineinversetzen wie kaum ein anderer Trainer. Heynckes spürt, wann seine Jungs sich erholen müssen und wann sie wieder Vollgas geben können. Er verheizt sie nicht, sondern entwickelt sie weiter, macht jeden Spieler ein bisschen besser. Das gilt auch für die Einstellung seiner Akteure, die manchmal doch sehr luxusverwöhnt sind, weil sie glauben, das gehöre zum Profidasein dazu. Als Heynckes ihnen erzählt, wie spartanisch die Stars von Real sich ernähren, rückt er einiges ins rechte Licht.

Trotz all der positiven Seiten des neuen Trainers auf Schalke will es mit dem Erfolg der Königsblauen nicht so recht klappen. Letzten Endes kann er die Leistung seiner Vorgänger Neubarth und Wilmots nicht toppen. Schalke wird abermals nur Siebter und bleibt damit weit hinter den Erwartungen zurück, die der Verein an Jupp Heynckes gestellt hat. In der zweiten Saison können seine Spieler ihre Leistung trotz der viel besseren Fitness nicht auf den Rasen bringen. Sie kassieren drei Niederlagen in den ersten vier Spielen. Da ist es letztlich vorbei mit der guten Chemie zwischen Trainer und Management. Assauer zieht die Konsequenz aus dem schlechten Saisonauftakt und entlässt Jupp Heynckes, den er als »Trainer der alten Schule« bezeichnet.[50] Für Heynckes ist das zwar »das größte Lob«, die

Entlassung ist dennoch ein harter Schlag für den leidenschaftlichen Fußballlehrer.[51] Heynckes selbst bezeichnet den Rauswurf in Schalke als seine »größte Enttäuschung«.[52] Er empfindet die Entscheidung der Königsblauen als »ungerecht«, schließlich hätten er und die Spieler »sehr gute Arbeit gemacht«.[53] So ist es im Fußball. Gerechtigkeit sucht man bisweilen vergeblich, und die Lorbeeren der eigenen Arbeit ernten manchmal die anderen.

Die gute Beziehung zu Gerald Asamoah bleibt aber trotz des Endes bei Schalke bestehen. Obwohl Heynckes schon nicht mehr sein Trainer ist, gibt er Asamoah am Telefon noch wichtige Ratschläge für seine Zukunft. Auch zu Asamoahs Abschied von der Nationalmannschaft kommt sein ehemaliger Trainer. Das rechnet der Stürmer ihm bis heute hoch an und zeigt sich nachhaltig beeindruckt von Jupp Heynckes. Als Trainer, aber vor allem auch als Mensch.

Nach dem bitteren Abschied aus Schalke geht es für Jupp Heynckes erst einmal nach Hause. Auf seinem liebevoll restaurierten Bauernhof in Schwalmtal nimmt sich Heynckes eine wohltuende Auszeit vom Fußball, zieht sich zurück und lädt die Akkus wieder auf.

Die Erholung ist aber nicht der einzige Grund für seinen erneuten Rückzug aus dem Trainergeschäft. Seine Frau Iris – die beiden sind seit 1967 verheiratet – bekommt 2004 eine schlimme Diagnose. Sie hat Krebs, und der treue Ehemann Jupp ist von nun an rund um die Uhr für sie da. Glücklicherweise übersteht Iris Heynckes die Krankheit, und das dunkle Kapitel nimmt ein glückliches Ende.

In dieser zweijährigen Auszeit legt sich Jupp Heynckes auch seinen prächtigen Schäferhundrüden Cando zu. Der Welpe nimmt von da an jede freie Sekunde seines Herrchens in Anspruch. Jetzt, da er Privatmann ist, kann sich Jupp Heynckes voll und ganz auf die Hunde-Erziehung konzentrieren. »Wo ich bin, da ist er«, sagt Heynckes über Cando. »Er ist mein Schatten.«[54]

Die Beziehung ist keinesfalls einseitig. Cando, der für die Familie Heynckes fast schon ein zweites Kind ist, lernt nicht nur von seinem Herrchen, sein Herrchen lernt auch von ihm. Sie führen eine sehr enge und vertrauensvolle Beziehung, und für Heynckes gilt die Prämisse: »Cando first!«[55]

Als 2006 die Borussia ruft, juckt es den Fußballlehrer Jupp Heynckes aber doch wieder in den Fingern. Nachdem der Gladbacher Präsident Rolf Königs bereits zwei Mal erfolglos versucht hat, die Legende Jupp Heynckes zurück zur Borussia zu holen, kehrt der Erfolgscoach endlich zurück an seine alte Wirkungsstätte. Dorthin, wo alles begann.

Bei der Borussia läuft es schon seit Längerem eher durchwachsen, und das ist noch optimistisch formuliert. Nun soll Jupp Heynckes die Mannschaft mit seiner Erfahrung und seinem Können wieder auf Kurs bringen. Dabei ist von Anfang an klar, dass er keine Wunder vollbringen kann. Heynckes' Aufgabe liege darin, »[...] die Mannschaft zielstrebig weiter[zu]entwickeln«, erklärt Königs.[56]

Nach der Vorbereitung in der Sommerpause startet Jupps Fohlen-Elf mit viel Schwung in die neue Saison. Wie sehr muss sich der Trainer darüber freuen, dass seine Truppe die ersten vier Heimspiele allesamt siegreich bestreitet? Nach sieben Spieltagen steht seine Mannschaft auf Platz fünf. Doch was zu Beginn nach einer ordentlichen Saison aussieht, soll sich bald schon zur rasanten Talfahrt entwickeln. Heynckes fehlen für seinen geliebten Angriffsfußball schlichtweg die Akteure. Dass seine Mannschaft keine Einheit bilden kann, kommt noch erschwerend hinzu. Schon gegen Ende der Hinrunde rutscht seine Borussia auf einen Abstiegsplatz. Dabei sah anfangs alles so vielversprechend aus. Letztlich kann auch Jupp Heynckes die Mannschaft nicht mehr retten. Nach den zahlreichen Niederlagen seines Teams soll der Trainer sogar Morddrohungen bekommen haben.

Am 31. Januar 2007 zieht Heynckes die Konsequenz aus der verkorksten Saison und reicht seinen Rücktritt ein. Der Abstieg der Fohlen-Elf ist da schon so gut wie unausweichlich.

Seine große Liebe Borussia Mönchengladbach verlässt »Don Jupp« jedoch anders als damals Real Madrid. Heynckes verzichtet auf seine Abfindung, seinen Dienstwagen gibt er zudem blitzsauber und mit vollem Tank zurück.

Er ist ein Gentleman und Ehrenmann, das zeigt sich wieder einmal in dieser selbstlosen Geste des gebürtigen Rheinländers. Ob er nach dem Abschied von der Borussia noch einmal als Trainer in die Bundesliga zurückkehren wird, bleibt fürs Erste ungewiss. Vielleicht hat Rudi Assauer ja recht, und Jupp Heynckes ist fußballtechnisch nicht mehr auf dem neuesten Stand. Würde mit seiner Zeit in Gladbach nun auch seine Trainerkarriere ein Ende nehmen, so wäre es das Ende einer Ära. So viel steht fest.

KAPITEL 4

DER BAYERN-RETTER

Wir schreiben das Jahr 2009. Der FC Bayern steckt mal wieder in der Krise. Nach der unvergesslichen Weltmeisterschaft 2006 haben die Münchner den vielversprechenden Trainer Jürgen Klinsmann an die Säbener Straße geholt. »Klinsi« soll frischen Wind in den Laden bringen. Mit ihm kommen die modernsten Trainingsmethoden zum FC Bayern. State of the Art, wie der Wahlamerikaner Klinsmann vielleicht sagen würde. Uli Hoeneß und der Vorstand stellen hohe Erwartungen an den gebürtigen Schwaben. Doch der ist der Aufgabe in München offenbar nicht gewachsen.

Klinsmanns Karriere beim FC Bayern endet am 25. April 2009 nach einem 0:1 gegen Schalke im eigenen Stadion. Jupp Heynckes ist an diesem Tag Zuschauer in der Allianz Arena und wird Zeuge von Klinsmanns Scheitern. Heynckes weiß nur zu gut, wie sich das anfühlt. Ihm selbst ist es schon mehrfach so ergangen wie nun seinem jungen Kollegen. Das Trainergeschäft ist hart und kennt nur selten Gnade. Wer heute noch gewinnt, muss vielleicht morgen schon seinen Hut nehmen.

Nach Klinsmanns Aus bei Bayern braucht die Mannschaft dringend einen neuen Trainer. Wer wäre da besser geeignet als Uli Hoeneß' alter Freund Jupp?

Endlich ist es so weit, und Hoeneß kann die »größte Fehlentscheidung« seiner Managerkarriere wiedergutmachen.[57] Kurzum ruft Hoeneß seinen alten Kumpel an, der für den FC Bayern nun die Kohlen aus dem Feuer holen soll. Und Heynckes sagt zu. Ohne Vertrag, ohne Gehaltsverhandlungen. Das könne man später auch noch regeln, meint Ehrenmann Heynckes.

Bereits zwei Tage nach Klinsmanns Rauswurf wird der neue Bayern-Trainer bekannt gegeben. Tags darauf stellt sich Heynckes persönlich in München vor. Es folgen das erste Training und am Wochenende der erste Sieg der Bayern unter ihrem neuen Trainer. Ausgerechnet gegen seinen Ur-Verein Borussia Mönchengladbach. Mit dieser Auftaktleistung kommt Jupp Heynckes aus dem Vorruhestand zurück und zeigt allen Kritikern, dass er noch längst nicht zum alten Eisen gehört. Durch den Sieg über Gladbach rücken die Münchner auf den zweiten Platz, den sie bis zum Saisonende auch halten werden. Damit haben sie zwar die Meisterschaft verpasst, können sich aber für die Champions League qualifizieren. Vier Siege aus fünf Spielen. Eine Spitzenbilanz für den Last-Minute-Retter Heynckes, der die Zielvorgabe erfüllt, auch wenn er die Kür verpasst.

Trotz des nur knapp verspielten Titels hat Heynckes in der kurzen Zeit beim FC Bayern wieder Geschmack am Trainerdasein gefunden. Schade nur, dass in München mit Louis van Gaal bereits sein Nachfolger bereitsteht.

Franz Beckenbauer beteuert im Nachhinein, dass ein Wort von Jupp Heynckes genügt hätte, und dieser wäre beim FC Bayern im Amt geblieben. Doch der Trainer nimmt's leicht und wechselt top motiviert zur Werks-Elf nach Leverkusen.

Jupp übernimmt Bayer Leverkusen

Mit seinem Wechsel nach Leverkusen macht Jupp Heynckes alles richtig. Nach der schwierigen Zeit unter Trainer Bruno Labbadia braucht die Werks-Elf einen wie Heynckes, einen Coach, der in sich ruht und weiß, wie er mit den Spielern umgehen muss.

Früher einmal hätte Heynckes es wahrscheinlich genauso gemacht wie Labbadia. Er hätte seine Ansichten durchgeboxt auf Teufel komm raus, hätte von seinen Spielern bedingungslose Disziplin und Perfektion gefordert. Doch Jupp Heynckes hat sich verändert. Er ist nicht mehr der kompromisslose Schleifer. Heynckes ist entspannter geworden, und manchmal zeigt sich ein fröhliches Lächeln auf seinen Lippen – viel öfter als früher, als die rote Gesichtsfarbe noch zur Tagesordnung zählte. »Osram« nennt den Fußballlehrer inzwischen niemand mehr. Die Spieler blicken zu ihm auf, einige sehen in Jupp Heynckes wie einst schon Lothar Matthäus eine Vaterfigur.

Das soll nicht heißen, dass der Perfektionist weniger von seiner Mannschaft fordern würde. Disziplin und Teamleistung gehen dem Trainer nach wie vor über alles. Anders als früher zeigt sich seine Stärke jedoch verstärkt im persönlichen Umgang mit den Spielern. Diese Qualität stellt er im Falle Arturo Vidal besonders eindrucksvoll unter Beweis. Der Chilene gilt gemeinhin als großes Talent, genießt aber, gerade was das Thema Disziplin betrifft, einen recht zweifelhaften Ruf. Jupp Heynckes schafft es jedoch, den ungestümen Vidal mit viel Fingerspitzengefühl zu bändigen. Der Trainer lässt seinem Mittelfeldspieler viel Freiheit, und Vidal dankt es ihm mit großartigem Einsatz. Unter Jupp Heynckes wird der Chilene zum international begehrten Führungsspieler. Bald schon wird er zu Juventus Turin und anschließend zum FC Bayern wechseln. Aber noch ist es nicht so weit.

Ein weiteres Beispiel für Heynckes' Einfühlungsvermögen ist das Ausnahmetalent Toni Kroos. Die Leihgabe der Bayern wird unter Heynckes' Führung zum Nationalspieler und zählt als 20-Jähriger zu Jogi Löws WM-Aufgebot in Südafrika. Kroos erinnert sich noch gut an die Zeit unter Heynckes. Zum ersten Mal in seiner Karriere schenkt ihm ein Trainer fast uneingeschränktes Vertrauen. Auch wenn er einmal nicht so gut spielt, hält Heynckes zu ihm und stellt Kroos in der nächsten Partie wieder auf.

Jupps sanftere Gangart macht sich schon bald bezahlt. Wie Alex Ferguson setzt er auf die Eigenverantwortung seiner Spieler und beweist damit wieder einmal sein feines Gespür. Mit Heynckes als Trainer wird Leverkusen wieder zur Spitzenmannschaft in der Bundesliga. In Heynckes' erster Saison führt er die Werks-Elf nach 24 ungeschlagenen Spielen in Folge auf einen ordentlichen vierten Platz. In der folgenden Spielzeit wird er mit seiner Mannschaft sogar Vizemeister und führt die Leverkusener seit sieben Jahren zum ersten Mal wieder in die Champions League.

Seine neue, so ungewohnt lockere Seite zeigt sich besonders eindrucksvoll in einer Pressekonferenz im ukrainischen Charkow. Gleich zweimal stolpert der Dolmetscher über den Namen des Leverkusener Trainers, nennt ihn »Heineken« statt Heynckes. Jupp nimmt den Versprecher mit Humor. Wer weiß, früher einmal hätte er vielleicht empfindlich auf den Fauxpas reagiert, doch der neue Heynckes nimmt's locker und reagiert nach dem zweiten Ausrutscher des Dolmetschers ungewohnt cool. »Sie können Don Jupp zu mir sagen«, bietet er dem Dolmetscher an und hat die Lacher mit diesem Kommentar auf seiner Seite.

Der einzige Wermutstropfen seiner Zeit in Leverkusen ist wohl der vom Management recht ungeschickt eingeleitete Abschied. Während »Don Jupp« die Werks-Elf noch zu alter Größe zurückführt, wird im Stillen bereits mit Robin Dutt als Heynckes-Nachfolger verhandelt. Dabei wäre Heynckes gerne bereit, zu bleiben. Die Mannschaft liegt ihm, und es gäbe noch jede Menge Potenzial auszuschöpfen. Doch der Verein verlängert seinen Vertrag nicht. Robin Dutt kommt, und nach einem zweijährigen Intermezzo des Erfolgs steht die Mannschaft wieder da, wo sie Labbadia damals verlassen hat. Als Dutt noch in seiner ersten Saison entlassen wird, ist der Erfolg unter Jupp Heynckes nur noch eine Erinnerung.

Die Bayern wittern in all der Trainer-Wurstelei in Leverkusen ihre Gelegenheit und holen Jupp Heynckes ein drittes Mal nach München, nachdem es mit dem Niederländer Louis van Gaal doch nicht so gut gelaufen ist. Und dieses Mal wird sich Jupp Heynckes an der Isar für immer unsterblich machen. Um diesen Gipfel zu erklimmen, muss er sich mit seiner Mannschaft aber zuerst durch ein tiefes, dunkles Tal kämpfen.

Trauma und Triple – Jupp Heynckes und die Rekord-Bayern

Aller guten Dinge sind drei. Nur selten ist dieses alte Sprichwort so zutreffend wie im Falle »Jupp Heynckes und der FC Bayern«. Zum dritten Mal tritt er den Posten als Cheftrainer in München an. Knapp 20 Jahre ist es her, dass er diesen Posten unfreiwillig räumen musste. Damals war es ein Schock für den 46-Jährigen. Jetzt kehrt Jupp Heynckes im Alter von 66 mit einem Lächeln zurück zum FC Bayern und verzaubert den Verein (fast) von Beginn an.

Es scheint ganz so, als wäre der lockere Jupp, wie man ihn bereits in Leverkusen sah, der perfekte Trainer für das Starensemble der Münchner. Er weiß, wie er die Spieler anpacken muss, fährt eine ausgewogene Mischung aus Professionalität und Vertrauen. Einst als egoistisch geltende Spieler wie Robben oder Ribéry fügen sich unter Heynckes perfekt in die Mannschaft ein, geben auf einmal auch hinten alles, während sie ihre Aufgabe vorher in erster Linie vorne sahen. Doch Jupp Heynckes kann nicht nur gut mit den Spielern, er kann auch bestens mit Uli Hoeneß und Karl-Heinz Rummenigge. Die beiden sind bekannt dafür, dass sie höchste Ansprüche an ihre Mannschaft stellen. Das gilt selbstverständlich auch für den Trainer. Wer den beiden nicht ins Konzept passt, muss den FC Bayern schnell wieder verlassen, wie man unlängst am Beispiel Jürgen Klinsmann sehen konnte.

Doch mit Jupp, da passt es. Uli Hoeneß kennt den Trainer schon lange und schätzt ihn ungemein. Umgekehrt kennt Jupp Heynckes den Verein und die Funktionäre wie kein anderer. Er kennt die Spieler und weiß, worauf es beim FC Bayern ankommt. Außerdem kann er in München seine Fußballphilosophie ungehindert ausleben. Seine Wünsche werden berücksichtigt und erfüllt. Es ist ein Geben und Nehmen, von dem alle profitieren.

Jupp Heynckes kennt seine Aufgaben, die weit über fußballerische Faktoren hinausgehen. Er macht nicht nur jeden einzelnen Spieler besser, er versteht auch innerhalb der Mannschaft zu moderieren. So ein Starensemble kann bisweilen auch mal Faxen machen. Alle Profis wollen aufgestellt werden, doch es kann nicht immer jeder zum Einsatz kommen. Da Jupp aber stets die richtigen Worte findet und allen Spielern mit demselben Respekt begegnet, kommt sich keiner der Akteure ungerecht behandelt vor. So fügen sich auch Superstars wie Arjen Robben in die Mannschaft ein und ordnen sich bei Bedarf größeren Zielen unter.

Sie sehen Heynckes' Vision, und sie teilen sie mit ihrem Trainer. Der FC Bayern soll endlich wieder ganz vorne mitspielen im europäischen Fußball. Und mit »Don Jupp« steht genau der richtige Mann am Steuerrad, um dieses Ziel zu erreichen.

Der Saisonstart verläuft dann aber doch recht holprig. Im Auftaktspiel gegen Borussia Mönchengladbach müssen sich die Bayern mit 0:1 geschlagen geben. Wer weiß, vielleicht sieht Heynckes dem Spiel ja mit einem lachenden und einem weinenden Auge zu. Dennoch ist der Liga-Auftakt damit verpatzt.

Doch die Bayern fangen sich schnell, gewinnen auswärts gegen Wolfsburg und zu Hause mit 5:0 gegen den HSV. Jetzt sind sie auf Kurs und belegen nach einem weiteren Sieg gegen Kaiserslautern den ersten Tabellenplatz. Damit kehrt fürs Erste ein wenig Ruhe ein. Die Bayern können ihre Führung bis auf eine kurze Unterbrechung behaupten und werden Herbstmeister. In der Rückrunde deuten sich dann bereits die ersten Schwächen an. Jürgen Klopps Dortmunder lösen die Bayern an der Tabellenspitze ab und geben die Führung bis zum letzten Spieltag nicht mehr her. Jupp Heynckes und seine Mannschaft werden mit acht Punkten Abstand enttäuschend Vizemeister.

Bleiben noch der Pokal und die Champions League. Die Bayern sind nach Real Madrid erst Jupp Heynckes' zweiter Verein, mit dem er in der Königsklasse antritt. Mit Real hat er 1998 den Henkelpott geholt. Ein gutes Vorzeichen, das sich bereits in der Gruppenphase bestätigt: Mit vier Siegen werden die Bayern klar Gruppenerster und treffen damit im Achtelfinale auf den FC Basel. Ist im Hinspiel noch der Wurm drin – Bayern verliert mit 0:1 –, können die Münchner im Rückspiel so richtig aufdrehen und ihre volle Offensivstärke auf den Platz bringen. Mit 7:0 fertigen sie die Schweizer ab und ziehen ins Viertelfinale ein.

Da geht es gegen Franck Ribérys Heimatverein Olympique Marseille. Die Franzosen sind ein anderes Kaliber als die Schweizer, doch Jupp Heynckes' Elf kann sich souverän mit zwei Siegen durchsetzen.

Halbfinale! Die Spannung steigt. Und der Gegner ist nicht irgendwer. Es sind die Königlichen von Real Madrid. Heynckes' Ex-Mannschaft, mit der er so viel erlebt hat, die ihm in seiner Karriere aber auch schon öfters die Tour vermasselt hat. Dieses Jahr darf das nicht passieren. Wenn das Finale ohnehin in München stattfindet, dann

»muss« auch das Münchner Team dabei sein. Was wäre das für eine Sensation? Finale »Dahoam« und der Sieger heißt FC Bayern? Aber so weit ist es noch nicht. Zuerst einmal muss seine Mannschaft sich gegen Ronaldo und Co. beweisen.

Das Hinspiel in der Allianz Arena beginnt schweißtreibend. In der Anfangsphase ist Real Madrid klar am Drücker, und es bleibt einzig Manuel Neuer zu verdanken, dass die Gäste nicht schon früh durch Benzema in Führung gehen. Doch die Bayern erinnern sich offenbar an Heynckes' Ausbildung und fangen sich schon bald. Viel geht jetzt über Ribéry, der in der 17. Minute nach einer Ecke von Toni Kroos aus nächster Nähe abziehen und das 1:0 erzielen kann. Die Partie bleibt explosiv. Auf der einen Seite sorgen Benzema und Ronaldo für Gefahr, auf der anderen sind es Schweinsteiger und Gomez. Letztlich landen die Bälle aber im Aus oder in den Armen von Neuer oder Casillas.

Nach der Pause kommen die Münchner dominant aus der Kabine zurück, können einen guten Angriff über Arjen Robben spielen, knicken dann aber ein. Real kontert über Ronaldo, der seine Chance vergibt, doch die Königlichen setzen nach, und Mesut Özil gleicht nach Vorlage von Cristiano Ronaldo aus. Es steht 1:1, die Gäste haben einen Auswärtstreffer auf dem Konto. Jeder weiß, was das bedeutet.

Heynckes reagiert entsprechend und wechselt Thomas Müller für Bastian Schweinsteiger ein. Seine Mannschaft kann den Druck im weiteren Spielverlauf immer weiter steigern und drängt die Madrilenen tief in die eigene Hälfte zurück. Die Bayern sind überlegen, nur die Torchancen fehlen. Erst in der letzten Spielminute trifft Mario Gomez nach einer Hereingabe von Lahm zum erlösenden 2:1. In diesem Moment fällt die Anspannung von den Spielern ab und auch vom Trainer. Jupp Heynckes feiert den Treffer seines Stürmers an der Seitenlinie genauso leidenschaftlich wie einst seine eigenen Tore.

José Mourinho auf der anderen Seite kann nur den Kopf schütteln über dieses späte Gegentor.

Mit dem Sieg im Rücken geht es zwei Wochen später nach Madrid ins Santiago-Bernabéu-Stadion. Diesmal fehlt den Bayern der Heimvorteil, und es entwickelt sich eine fast schon spiegelverkehrte Begegnung der zwei Top-Mannschaften. Nach dem Clásico-Sieg gegen den FC Barcelona am Wochenende zuvor treten die Madrilenen gegen die Gäste aus München extrem selbstbewusst auf. Vor allem der »Pistolero« Cristiano Ronaldo zeigt an diesem Champions-League-Abend bereits früh, was in ihm steckt. Nach einer Hereingabe von Marcelo kommt zuerst Ángel di Maria völlig frei im Sechzehner zum Abschluss. Nur David Alabas beherztem Eingreifen ist es zu verdanken, dass der Schuss des Argentiniers nicht aufs Tor kommt. Doch was macht der Schiedsrichter? Er entscheidet auf Handspiel von Alaba und pfeift Elfmeter. Eine klare Angelegenheit für Cristiano Ronaldo, der den Strafstoß rechts unten ins Netz knallt. Damit steht es bereits in der sechsten Spielminute 1:0 für Real Madrid.

Die Bayern können ihr Tempo jedoch erhöhen und nach einem starken Lauf von Alaba über den linken Flügel um ein Haar ausgleichen. Robben erwischt die Vorlage des Außenverteidigers leider nicht perfekt und jagt eine Kerze in den Nachthimmel über Madrid. Nur wenige Minuten später wird es erneut brenzlig im Strafraum der Gastgeber. Nach einem Schuss von Gomez kann Casillas die Situation nicht richtig entschärfen, Ribéry steht bereit, aber Madrids Sami Khedira kommt dem Franzosen zuvor und klärt zur Ecke.

Nach diesen zwei verpassten Großchancen sind die Königlichen wieder am Drücker. Özil spielt aus dem Zentrum einen Pass auf den völlig freien Ronaldo. Für den ist der Abschluss nur noch Formsache, und es steht 2:0 für Real. Da sind gerade einmal 14 Minuten gespielt.

Nach einer solchen Anfangsphase kann die zurückliegende Mannschaft schon mal einbrechen – nicht so Jupps disziplinierte Bayern. Das Team um Neuer, Lahm und Schweinsteiger verliert durch den Rückstand keineswegs die Ruhe, sondern konzentriert sich ganz auf das Spiel. Dadurch spielt es zahlreiche Torchancen heraus und belohnt sich für den Arbeitseifer bereits in der 27. Minute.

Nach einer Flanke von Toni Kroos hindert Pepe seinen Gegenspieler Gomez am Kopfball, und der Unparteiische Viktor Kassai entscheidet erneut auf Elfmeter. Als Schütze tritt Arjen Robben an. Die Pfiffe der Fans im Bernabéu sind ohrenbetäubend, aber der Niederländer bleibt cool und schießt den Ball exakt ins linke untere Eck. Casillas kommt zwar mit den Fingerspitzen noch an den Ball, kann ihn aber nicht mehr entscheidend abwehren. Damit steht es 2:1 – wie schon zuvor im Hinspiel. Mit diesem Ergebnis droht die Verlängerung. Die wollen beide Mannschaften vermeiden und legen sich in der restlichen Partie noch einmal mächtig ins Zeug. Ein nervenzerreißendes Hin und Her. Auf beiden Seiten hagelt es Torchancen, doch beiden Mannschaften fehlt die letzte Konsequenz. Weder in der zweiten Hälfte noch in der Verlängerung können sie eine Entscheidung herbeiführen, und so muss dieses Halbfinale im Elfmeterschießen entschieden werden.

Bevor die Schützen zum Zug kommen, umarmen sich Heynckes und Mourinho noch in einer sehr sportlichen Geste. Dann tritt Alaba als erster an – und versenkt den Ball kaltschnäuzig rechts unten. Aufseiten von Real Madrid schießt Ronaldo als erster und scheitert am herausragenden Manuel Neuer, der den Schuss mit der rechten Hand abwehren kann. Als nächster ist Mario Gomez an der Reihe. Er verlädt Casillas und trifft. Kaká entscheidet sich anschließend für dieselbe Ecke wie schon Ronaldo. Wieder ist Neuer da und kann den Schuss des Madrilenen weltklassemäßig parieren. Dann scheitert

Kroos an Casillas, und Xavi Alonso trifft souverän für die Gastgeber. Mit Philipp Lahm verschießt auch der Kapitän der Bayern. Das Drama spitzt sich zu. Ramos kann für Real ausgleichen, aber dem Spanier gehen die Nerven durch, und er zieht den Ball weit über das Tor. Nun ist Bastian Schweinsteiger am Zug. Wenn er jetzt trifft, haben die Bayern es geschafft. Schweinsteiger knallt den Ball mit viel Druck links auf Casillas Tor. Der Real-Keeper spekuliert auf die andere Ecke, der Ball ist drin – und der FC Bayern zieht nach diesem packenden Elfmeterkrimi ins Finale der Champions League ein.

Finale »Dahoam«. Der Traum wird tatsächlich wahr. Und entwickelt sich schon bald zum Albtraum. Dabei herrscht in ganz Fußballdeutschland, insbesondere in der bayrischen Hauptstadt, absoluter Optimismus. Champions-League-Finale in der Allianz Arena. Heimvorteil gegen die minimalistische Truppe vom FC Chelsea aus London. Was soll da noch schiefgehen? Der Gewinner scheint schon vor dem Spiel festzustehen. Zumindest in Fankreisen.

Als das große Finale der Königsklasse am 19. Mai 2012 endlich angepfiffen wird, sieht es auch lange Zeit so aus, als würde der FC Bayern an diesem Abend als Sieger vom Platz gehen. Die Münchner werden trotz personeller Probleme – Badstuber, Alaba und Gustavo sind gelbgesperrt – von Beginn an ihrer Favoritenrolle gerecht. Jupp Heynckes' Mannschaft beginnt dominant, hat viel Ballbesitz und spielt sich schon früh die ersten Chancen heraus. Leider sieht Schweinsteiger schon früh Gelb, was ihn für die restliche Partie natürlich ein wenig hemmt. Nichtsdestotrotz ist der FC Bayern die klar bessere Mannschaft. Die »Blues« aus London reagieren auf die Übermacht der Bayern, indem sie hinten alle Schotten dicht machen. Eine Fünferreihe steht vor der Vierer-Abwehrreihe und hält die Münchner so gut es geht vom eigenen Kasten fern. Einziger Offensivspieler der Gäste scheint Didier Drogba.

Während die Bayern unablässig auf das Tor des Gegners zustürmen, gelingt den Gästen in Blau gerade einmal ein Torschuss in der ersten Halbzeit. Doch trotz der Überlegenheit springt auch für Jupp Heynckes' Mannschaft nichts Zählbares heraus, und so geht es mit 0:0 in die Pause. Die zweite Hälfte beginnt, wie die erste aufgehört hat. Der FC Bayern bedrängt den FC Chelsea pausenlos. Eine sehr einseitige Partie, die sich fast ausschließlich in der Hälfte der Gäste abspielt. Doch Chelseas Verteidiger machen ihre Sache gut. Sie warten geduldig ab und können die Angriffe der Münchner lange vom eigenen Tor fernhalten.

Bis zur 83. Minute. Toni Kroos flankt den Ball perfekt auf Thomas Müller. Der Stürmer köpft – typisch Müller – extrem unorthodox und überwindet den an diesem Abend übermenschlichen Petr Čech mit einem unhaltbaren Aufsetzer. Da ist sie, die längst überfällige Führung! Man kann die Erleichterung in der Allianz Arena fast mit Händen greifen. Das Stadion tobt. Nur der Fanblock der Gäste steht unter Schock.

Dieses Bild wird sich nur fünf Minuten später ins Gegenteil verkehren: Jetzt, da Chelsea hinten liegt, wagen es die Blauen doch noch, die eigene Hälfte zu verlassen und den Ball nach vorne zu spielen. Der Ausgleich fällt nach einer Ecke. Wohlgemerkt der einzigen Ecke der Londoner an diesem Abend. Zum Vergleich: Die Bayern schlagen in diesem Finale 20 Ecken.

In Sachen Effizienz hat der FC Chelsea also ganz klar die Nase vorn. Das wird auch durch den Ausgleich von Didier Drogba deutlich, der bis dahin an diesem Abend so gut wie gar nicht in Aktion getreten ist.

So bitter der Ausgleich so kurz vor Schluss für die Bayern auch sein mag, Jupp Heynckes und seiner Mannschaft bleibt immer noch die

Verlängerung, um die Sache wieder geradezurücken. In der 95. Spielminute sieht es auch ganz danach aus, als könnten die Bayern jetzt für die Entscheidung sorgen. Nach einem ungeschickten Foul von Drogba an Ribéry bekommt der FC Bayern einen Strafstoß. Wie schon zuvor gegen Real schnappt sich Robben die Kugel. Doch dieses Mal verschießt der Holländer. Dazu muss auch noch Ribéry verletzt vom Platz. Es ist der Anfang vom Ende. Bayern macht zwar weiter Druck und spielt noch einige Torchancen heraus, aber ohne Erfolg.

Es geht ins Elfmeterschießen wie schon im Halbfinale gegen Real Madrid. Doch diesmal heißt der Held des Abends nicht Manuel Neuer. Nein, diese Rolle fällt nun seinem Gegenüber Petr Čech im Kasten der Blues zu. An Philipp Lahms Schuss ist er dran, auch wenn er ihn nicht abwehren kann. Im Anschluss kann Manuel Neuer den schwachen Schuss von Juan Mata halten. Wieder hat Bayern die Nase vorn. Dann steht Mario Gomez am Elfmeterpunkt. Er versenkt den Ball rechts unten und bringt die Fans zum Jubeln. Der nächste Schütze ist David Luiz. Der Brasilianer verwandelt seinen Strafstoß mit einem recht unplatzierten, aber dennoch unhaltbaren Hammer. Im Anschluss trifft der Münchner Torhüter Manuel Neuer mit einem sauberen Schuss in die linke untere Ecke. Dann ist der Londoner Kapitän Frank Lampard dran. Der Routinier knallt den Ball kompromisslos in Neuers Kasten. Ivica Olićs Schuss pariert Čech, der an diesem Abend über sich hinauswächst. Im Anschluss trifft auch Ashley Cole für den FC Chelsea. Damit ruht alle Hoffnung auf Bastian Schweinsteiger, dem vorerst letzten Schützen der Bayern.

Und was macht Schweinsteiger? Es sieht so aus, als wolle er Čech ausgucken, er verharrt kurz in seinem Anlauf, schießt und knallt den Ball an den Pfosten. Eine tragische Szene, die sich sofort und unvergesslich in das Gehirn eines jeden Bayern-Fans einbrennt.

Danach macht Didier Drogba alles klar und schießt seine Mannschaft an diesem Abend als zweifacher Torschütze zum Sieg. Chelsea gewinnt das Finale in München. Es ist unfassbar. Da war der FC Bayern über 120 Minuten die klar bessere Mannschaft und den Gästen aus London in jeder Hinsicht überlegen. Außer vielleicht in der Chancenverwertung.

Es ist ein bitteres Erlebnis, das die Mannschaft, den Verein, ja ganz München in Schockstarre zurücklässt. Im Nachhinein finden sich viele Bezeichnungen für die Szenen, die sich an diesem Abend in der Allianz Arena abspielen: Man spricht vom Debakel, einem Fiasko, dem Triple-Trauma – doch sind es nur leere Begriffe, die den Gefühlen der Spieler und des Trainers nicht gerecht werden können.

»Diese Niederlage gegen Chelsea war die größte Enttäuschung meines Lebens [...]«, sagt Jupp Heynckes später.[58]

Im Nachhinein muss man vielleicht sagen: Gott sei Dank! Denn wie wir bereits gesehen haben, zieht Heynckes gerade aus den Enttäuschungen die meiste Kraft. Dass die Mannschaft letztlich auch noch das DFB-Pokalfinale gegen Dortmund verliert, passt irgendwie zur Saison und wird Heynckes' Spieler am Ende noch stärker machen. Drei Mal Zweiter. Drei Mal messerscharf am Ziel vorbeigeschossen. Das passiert den Bayern kein zweites Mal.

Das denkt sich auch Jupp Heynckes und geht als gutes Beispiel entschlossen voran. Nach diesen bitteren Niederlagen will er es erst recht wissen und führt den FC Bayern bereits in der nächsten Saison mit eisernem Willen und harter, perfektionistischer Arbeit auf den europäischen Fußballolymp. Davor braucht Jupp Heynckes aber einen »tieferen« Kader, noch mehr Hochkaräter sind gefragt. Und Uli Hoeneß, der nach dem Final-Trauma keinerlei Kritik am Trainer zulässt, beschafft sie ihm. Mit Karl-Heinz Rummenigge bespricht Jupp die Neuzugänge. Heynckes ist so hungrig auf die nächste Saison, dass er in der Sommerpause sogar auf seinen Urlaub verzichtet. Stattdessen arbeitet er durch und lotst unter anderem den Kroaten Mario Mandžukić, den Schweizer Xherdan Shaqiri und den Brasilianer Dante nach München. Obendrauf setzt er noch den Hammertransfer Javi Martínez. Der doch recht unbekannte Baske von Athletic Bilbao kostet den FC Bayern gigantische 40 Millionen Euro und ist damit der bis dahin teuerste Transfer der Vereinsgeschichte. Doch die Investition wird sich lohnen. Zusammen mit Bastian Schweinsteiger bildet Martínez künftig das Mittelfeldzentrum, wo er sich schon bald als wichtiger Schlüsselspieler etabliert.

Mit Matthias Sammer kommt in der Sommerpause auch ein neuer Sportvorstand nach München. Da ist die EM in Polen gerade vorbei, die Spieler kehren zurück, und Jupp Heynckes kann endlich mit dem Training beginnen. Bevor es zusammen ins Trainingslager an den Gardasee geht, gibt Jupp Heynckes noch einmal die Parole für die neue Saison aus. Absolute Leistungsbereitschaft und Entschlossenheit seien gefordert. In Zukunft will der Coach wieder verstärkt auf Details achten, er will das letzte Quäntchen Leistung aus seinen Spielern herauskitzeln. Wenn sie die Schmach vom Vorjahr wiedergutmachen wollen, müssen sie »cleverer, robuster und erfolgsorientierter« auftreten.[59]

Dass sich Heynckes im Trainingslager dann selbst einen Muskelfaserriss zuzieht, kann seine Entschlossenheit nicht mindern. Auch die gewohnten Schmerzen im Knie können den fokussierten Trainer nicht bremsen. Er ist jetzt im Tunnelblickmodus und sieht nur ein Ziel: Alle drei Titel will er mit seinen Bayern gewinnen, das Triple nach München holen. Nach außen hin kommuniziert Heynckes dieses Ziel zwar noch vorsichtig, wenn er sagt: »Höchstwahrscheinlich werden wir nicht mehr Vizemeister.«

Intern klingt Heynckes hingegen weitaus zielstrebiger und zuversichtlicher. »Es ist [...] alles möglich, wenn wir das so durchziehen«, sagt Heynckes zu seiner Mannschaft.[60] Und die Spieler wissen genau, was er meint. Die Bayern sind auf Triple-Kurs und lassen von Anfang an keinerlei Zweifel an ihrer Zielsetzung aufkommen.

In der Liga rasen die Münchner von Beginn an mit einem halsbrecherischen Tempo vornweg. Vom ersten Spieltag an belegt Jupp Heynckes' Mannschaft den ersten Tabellenplatz und behauptet ihn auch die ganze Saison über. Bereits zur Herbstmeisterschaft sind die Leverkusener auf dem zweiten Platz mit acht Punkten Differenz deutlich abgeschlagen. In der Rückrunde legen die Bayern sogar noch eine Schippe drauf. Sie fahren 16 Siege ein, spielen nur einmal Unentschieden. Die einzige Niederlage der Saison kassieren sie in der Hinrunde gegen Leverkusen. Damit werden die Münchner mit 91 Punkten Deutscher Meister. Das sind 25 Zähler Abstand zum Zweiten aus Dortmund. Die bombastische Torbilanz von 98:18 Treffern spricht Bände über die gewaltige Offensivmaschine des FC Bayern.

So eine dominante Leistung ist in der Bundesliga noch keinem Verein gelungen. Nach der bereits früh gewonnenen Meisterschaft spielen die Bayern umso befreiter auf und glänzen auch in der Champions League wie selten zuvor. Die Gruppenphase meistern sie ungeschlagen als Erster und treffen gleich im Achtelfinale mit dem FC Arsenal auf einen ihrer schwersten Gegner. Nachdem die Bayern das Hinspiel in London überzeugend mit 3:1 gewinnen, verlieren sie das Rückspiel mit 0:2 und kommen knapp weiter.

Die Zitterpartie des Achtelfinales ist spätestens im Viertelfinale vergessen. Zweimal setzen sich Heynckes' Jungs gegen Juventus Turin mit 2:0 durch und kommen souverän weiter.

Im Halbfinale absolvieren sie gegen den großen FC Barcelona zwei Gala-Auftritte, die in dieser Deutlichkeit wohl nur die allerwenigsten erwartet hatten. Unvergessen für alle Zeiten bleibt die 4:0-Glanzleistung der Bayern im Hinspiel zu Hause. Wie haben die Münchner die Katalanen um Weltfußballer Messi an diesem Abend vorgeführt? Zwei Tore von Thomas Müller, ein Mal Gomez, ein Mal Robben, der sich mit einem wundervollen Solo durch den Sechzehner der Gäste tankt und den Ball herrlich gefühlvoll im Tor platziert! Ein Ergebnis für die Geschichtsbücher, das die Bayern im Rückspiel sogar fast noch toppen. Das 4:0 in der Allianz Arena ist ein unübersehbares Ausrufezeichen. Das anschließende 3:0 im Camp-Nou-Stadion in Barcelona ist eine Machtdemonstration, die ihresgleichen sucht.

In dieser Spielzeit ist mit Jupp Heynckes offenbar auch die Gunst des Fußballgotts endlich nach München zurückgekehrt. Unfassbar, was die Bayern in Barcelona für einen Druck machen: Das Traumtor von Arjen Robben. Weltklasseverteidiger Piqué, der den Ball nur noch ins eigene Tor klären kann. Und wieder Thomas Müller, der die Katalanen mit seinem Kopfballtor zum 3:0 endgültig aus der Königsklasse schießt.

Es ist ein märchenhafter Abend, der nicht nur Fans und Spieler, sondern auch Jupp Heynckes zu ausgelassenem Jubel treibt. Trotzdem bleibt der Trainer fokussiert. Man darf sich nicht auf Siegen ausruhen, so sensationell sie auch sein mögen – das weiß Heynckes nur zu gut.

Das ganz große Spiel steht noch bevor. Das deutsch-deutsche Champions-League-Finale in London gegen den Liga-Rivalen aus Dortmund. Es ist nicht nur ein Duell zweier großer Bundesligaklubs, nein, es ist auch ein Kräftemessen zweier großer Trainer.

Jupp Heynckes gegen Jürgen Klopp. Der erfahrene Routinier gegen den jungen Draufgänger. In der laufenden Saison sind die beiden Teams schon einmal in einem K.O.-Spiel aneinandergeraten. Nachdem der BVB im DFB-Pokal gegen München ausscheidet, wirft Jürgen Klopp Jupp Heynckes vor, seine Taktik zu kopieren. Die Bayern hätten nur Erfolg, weil sie die Spielweise seiner Mannschaft mit teureren Akteuren nachmachen würden, so Klopp.

Wortgefechte zählen ja nun nicht gerade zu Jupp Heynckes' Vorlieben. Diesen Vorwurf des Dortmunder Trainers lässt »Don Jupp« aber nicht einfach so auf sich sitzen. Er weist seinen jüngeren Kollegen mit sehr sachlichen Worten zurecht. Schließlich hat Klopp das Gegenpressing, das seine Mannschaft und auch der FC Bayern so erfolgreich praktizieren, nicht erfunden. Und auch Jupp Heynckes nicht. Diese taktische Variante reicht zurück bis in Ernst Happels Zeit bei Feyenoord Rotterdam in den 1970er-Jahren. Happel ist bekanntermaßen einer der Trainer, von denen Heynckes sich schon früh inspirieren ließ. Genau wie von seinem Mentor Hennes Weisweiler. Wenn, dann hat sich Heynckes von den beiden das eine oder andere abgeschaut. Gegenpressing lässt er bereits in den Achtzigern bei der Borussia spielen. Bis zum Champions-League-Finale ist der Zoff der beiden Trainer jedoch längst vergessen, und es kann wieder Fußball gespielt werden.

Am 25. Mai 2013 um 20:45 Uhr hat das Warten endlich ein Ende. Die Mannschaften treffen im Londoner Wembley Stadion aufeinander. Es ist ein würdiger Ort und ein ebenso würdiger Rahmen, um dieses Prestigeduell auszutragen, das sich nun schon seit mehreren Jahren zwischen Bayern und Dortmund abspielt. Die Mannschaft, die heute Abend gewinnt, krönt sich damit zum Champion des europäischen Vereinsfußballs. Und der Trainer ... warten wir's ab.

Die lauffreudigen Dortmunder bestimmen zwar die Anfangsphase dieses Champions-League-Finalspiels, und die Bayern wirken anfangs ein wenig unsortiert. Nach einigen Angriffen der Dortmunder, bei denen Neuer Gelegenheit bekommt, seine Torwartfähigkeiten unter Beweis zu stellen, kommen die Bayern ab der 25. Minute immer besser ins Spiel. Es entwickelt sich ein offener Schlagabtausch. Sorgen Mandžukić, Martínez und Robben für Gefahr vor dem Dortmunder Kasten, hält der BVB mit Lewandowski dagegen. Trotz des auf beiden Seiten hohen Tempos und zahlreicher Torchancen geht die Partie torlos in die Halbzeitpause.

So gut die erste Hälfte endet, so dürftig beginnt dann die zweite Halbzeit. Wo sind die offensivstarken Bayern der vergangenen Saison? Wo ist der spritzige BVB von Jürgen Klopp? Bis zur 60. Minute gleicht das Spiel einem Mittelfeldgeplänkel ohne großen Zug zum Tor. Es wirkt fast wie ein Vorbereitungsspiel und nicht wie ein Finale der Königsklasse.

Bis dann doch die Stärke der Bayern aufblitzt. Auf einmal geht es ganz leicht. Spielerisch überwinden sie die Abwehr der Dortmunder. Ribéry spielt einen genialen Pass auf Robben, der könnte es selber machen, entscheidet sich aber für einen Pass zu Mandžukić, und der Kroate trifft in der 60. Spielminute völlig unbedrängt zum 1:0. Die Dortmunder Verteidiger sehen in dieser Szene überfordert aus, wirken wie unbeteiligte Zuschauer. Doch die Überlegenheit der Bayern währt nicht lange. Nur acht Minuten später gelingt den Dortmundern der Ausgleich nach einem Foulelfmeter. Vollstrecker ist Ilkay Gündogan.

Eine packende Schlussphase bahnt sich an. Die Dortmunder holen noch einmal alles aus sich heraus, doch die Bayern haben mehr Reserven. Das hohe Laufpensum fordert zuerst aufseiten des BVB seinen Tribut, während die Münchner ungebremst weiter nach vorn spielen. Fast im Minutentakt muss Roman Weidenfeller, der an diesem Abend über weite Strecken eine großartige Leistung zeigt, die Angriffe der Bayern parieren.

Schließlich kann aber auch der Dortmunder Keeper der bayrischen Kanonade nicht mehr länger standhalten. In der 88. Minute ist es Arjen Robben, ausgerechnet der tragische Held des Finales »Dahoam«, der Weidenfeller ausguckt und mit dem 2:1-Siegtreffer alles klarmacht. Eine Geschichte, wie sie nur der Fußball schreiben kann. Packend, dramatisch, emotional!

Der FC Bayern ist Champions-League-Sieger! Die Schmach vom Vorjahr ist ausgebügelt. Jupp Heynckes gewinnt zum zweiten Mal den Henkelpott, nachdem er als Trainer drei Mal im Finale der Königsklasse stand. Damit ist das Double bereits perfekt. Zeit zu feiern, möchte man meinen – aber ein Finale wartet noch auf Jupp Heynckes und seine Mannschaft.

Es ist das DFB-Pokalfinale gegen den VfB Stuttgart, das am 1. Juli 2013 in Berlin stattfindet. Nach dem Anpfiff stehen schon bald alle Zeichen auf dem Sieg von Jupp Heynckes' Mannschaft. In der 37. Minute verwandelt Thomas Müller einen Elfmeter und bringt seine Mannschaft in Führung. In der zweiten Hälfte kann Mario Gomez mit einem Doppelpack auf 3:0 erhöhen. Es sieht ganz so aus, als wäre damit alles geritzt. Die Bayern schalten einen Gang runter – als würden sie ihren bevorstehenden Sieg gegen Stuttgart jetzt verwalten. Nur Jupp Heynckes riecht, dass da etwas faul ist. Auf einmal läuft der Trainer unruhig an der Seitenlinie entlang, deutet seinen Spielern ein paar Korrekturen an. Offenbar gerade noch rechtzeitig. Denn die Stuttgarter kommen noch einmal zurück und schießen zwei Tore.

Wie das passieren konnte? Oft sind es minimale Unaufmerksamkeiten, die im Profifußball den Unterschied machen. Als die Mannschaft das Spiel schon gewonnen glaubt, entgehen dem Trainerfuchs Jupp Heynckes die kleinen Nachlässigkeiten seiner Spieler nicht, und er ruft sie zurück zu Konzentration und Disziplin. So können die Bayern dank ihres Trainers doch noch die Oberhand behalten und als Sieger vom Platz gehen.

Jetzt ist es endlich so weit. Der FC Bayern hat als erste deutsche Mannschaft der Fußballgeschichte das Triple aus Meisterschaft, Liga-Pokal und Champions League gewonnen. Außerdem zählt Jupp Heynckes von da an zu den Trainern, die den Henkelpott mit zwei unterschiedlichen Vereinen gewinnen konnten. Außer ihm ist das nur wenigen gelungen. Etwa José Mourinho, Ottmar Hitzfeld oder auch Heynckes' Vorbild Ernst Happel.

Jetzt darf endlich gefeiert werden, und Jupp Heynckes ist mittendrin. Da darf die zünftige Weißbierdusche, die in München schon seit Jahrzehnten zelebriert wird, natürlich nicht fehlen. Man sieht den Spielern die Freude an, und auch die Anspannung, die mit dem Triple-Gewinn nun endlich von ihnen abfällt. Ausgelassen tanzen sie über den Rasen des Berliner Olympiastadions, lassen sich von den Fans feiern und übergießen ihren Trainer immer wieder mit Unmengen von Weißbier. Aber sie duschen ihren Trainer-Vater nicht nur, sie lassen ihn auch hochleben. Es sind Bilder, die man nicht vergisst. Jupp Heynckes wird von seinen Spielern auf Händen getragen und immer wieder in die Luft geworfen. Dabei lacht er wie ein Schuljunge. Es sind bewegende Szenen. Emotionale Bilder, die dem Trainer Jupp Heynckes, der sein ganzes Leben dem Fußball gewidmet hat, die Krone aufsetzen.

Einen Tag nach dem Triple-Sieg präsentiert sich die »beste Mannschaft der Welt« auf dem Balkon des Münchner Rathauses und jubelt gemeinsam mit den Fans. Nachdem die Spieler ausgiebig gemeinsam mit ihren Fans gesungen haben, zeigt sich endlich auch der Trainer und singt Arm in Arm mit Franck Ribéry. Anschließend übernimmt Heynckes selbst das Mikrofon und stimmt einen Jupp!-Jupp!-Jupp!-Jubel an. Der pflichtbewusste und disziplinierte Trainer lässt sich an diesem Nachmittag feiern. Er wirkt entspannt, lacht ausgelassen über die Scherze seiner Spieler und scheint mit sich und der Welt in Reinen.

So hat man Jupp Heynckes nicht oft gesehen in seiner langen Trainerkarriere. Meist tritt der stille Mann vom Niederrhein zurückhaltend und nachdenklich auf. In der Öffentlichkeit kennt man eher seine sachlich-kühle Seite, aber er kann auch anders, wie er nach dem Triple-Sieg und auch an diesem Nachmittag beweist. Locker zeigt er sich an diesem Tag und lobt nicht nur seine Mannschaft, sondern auch die einzigartigen Münchner Fans.

Es stimmt tatsächlich. Was in Leverkusen begonnen hat, setzt sich in München fort. Es ist ein anderer Jupp Heynckes, der da auf dem Balkon am Marienplatz mit seinen Spielern herumalbert und sich ausgelassen feiern lässt. »Don Jupp« hat sich im Laufe der Jahre verändert. Aus dem strengen Fußballlehrer ist ein entspannter Stratege geworden. Und er hat auch den FC Bayern verändert. Uli Hoeneß bezeichnet Jupp Heynckes als »Spiritus rector dieses Erfolgs« und bedankt sich bei seinem Freund mit dem Satz: »Es wurde der beste Fußball gespielt, den München je gesehen hat.«[61]

Da ist sie, die für Jupp Heynckes so wichtige Anerkennung. Und dann auch noch aus dem Mund seines Freundes, der den Trainer erst in der Winterpause zusammen mit Karl-Heinz Rummenigge so sehr kränkte. Als der Verein mit Pep Guardiola Heynckes' Nachfolger und darüber hinaus gleich noch das Karriereende des amtieren Bayern-Coaches bekannt gibt, ist »Don Jupp« überhaupt nicht amused. Er möchte schon selber bestimmen, wann er aufhört.

Letzten Endes zeigt sich Heynckes aber alles andere als nachtragend. Er verlässt den FC Bayern als Legende. Und so viel steht fest: Seine Nachfolger treten kein leichtes Erbe an. Seine Abschlusssaison an der Isar soll ihm erst einmal einer nachmachen. Mit Jupp Heynckes' Abschied aus dem Profifußball geht eine Ära zu Ende. Eine Ära der Höhen und Tiefen, eine wahre Achterbahnfahrt der Gefühle, die zum Schluss mit einem Happy End gesegnet ist.

Jupp Heynckes' emotionalste Szene der ganzen Saison, ja, vielleicht seiner ganzen Karriere dreht sich jedoch nicht um Titel und Erfolge und auch nicht um Kränkungen. Sie dreht sich um seine große Liebe, seinen ersten Club, den er immer im Herzen tragen wird. Nach seinem Abschiedsspiel in der Fußballbundesliga gegen Mönchengladbach sieht man, wie sehr Jupp Heynckes' Herz noch immer für die Borussia schlägt. In der Pressekonferenz nach dem Sieg gegen die Fohlen versagt ihm die Stimme. Er kämpft mit den Tränen, kann sie aber doch nicht zurückhalten. Kein Wunder nach dem emotionalen und zutiefst rührenden Abschied, den die Borussia-Fans ihrem Jupp an diesem Nachmittag bieten. Sprachlos ist er angesichts so viel Bewunderung, zu Tränen gerührt ob der grenzenlosen Anerkennung. Unter Tränen bringt er einen Satz hervor: »Das zeigt mir, dass das meine Heimat ist.«[62]

Dieser eine Satz und vor allem die Art, wie er ihn vorträgt, unterstreichen eindrucksvoll, was für ein sensibler und gefühlvoller Mensch dieser sagenhafte Jupp Heynckes ist.

KAPITEL 5

KARRIEREENDE

In knapp 50 Jahren Profifußball hat Jupp Heynckes alles, aber auch wirklich alles gewonnen. Vier Mal Deutscher Meister als Spieler, drei Mal als Trainer. DFB-Pokalsieger sowohl als Profi mit Gladbach als auch als Coach der Bayern. Ein Mal UEFA-Pokalsieger als Spieler, zwei Mal Champions-League-Sieger als Trainer. Europa- und Weltmeister, mehrfacher Torschützenkönig sowohl in nationalen als auch internationalen Wettbewerben. Triple-Sieger mit dem FC Bayern. Dazu gehen noch über 1000 Bundesligaspiele als Spieler und Trainer auf sein Konto. Und schließlich wird Jupp Heynckes, um einer jahrzehntelangen Fußballerkarriere noch das i-Tüpfelchen aufzusetzen, Trainer des Jahres 2013.

Es waren bewegte Jahre, mit Erfolgen gesegnet, aber auch durchwachsen und immer wieder voller Enttäuschungen. Die gibt es am Gala-Abend der FIFA in Zürich nicht. Nachdem er den FC Bayern zum Triple geführt hat, wird Jupp Heynckes für seine sensationelle Leistung als Trainer belohnt und vor Jürgen Klopp und Sir Alex Ferguson zum Trainer des Jahres gewählt.

Damit ist Jupp Heynckes als Spieler und Trainer einer der erfolgreichsten Fußballer aller Zeiten, wenn nicht sogar der erfolgreichste überhaupt. Der langen Liste an Titeln und Triumphen ungeachtet, bleibt Jupp Heynckes stets am Boden. Er ist bescheiden und ein großer Sportsmann. Durch und durch Gentleman. Das stellt »Don Jupp« in seiner Dankesrede an diesem Abend in Zürich ein weiteres Mal eindrucksvoll unter Beweis. Manch anderer würde die Gelegenheit vielleicht nutzen, um in der Aufmerksamkeit des Publikums und der Fußballpresse zu baden, sich zu inszenieren und von seiner besten Seite zu zeigen. Jupp Heynckes hingegen lenkt die Aufmerksamkeit von Anfang an von seiner Person ab. Statt über seine Leistung zu reden, ist er voll des Lobes für seine Mannschaft sowie für die Mitarbeiter und Verantwortlichen beim FC Bayern. Er freut sich jedoch auch über die Auszeichnung und die Ehre, die ihm zum Abschluss seiner Trainerkarriere mit diesem Preis zuteilwird.

»Ich bin natürlich glücklich«, bringt er seinen Gemütszustand in einem Interview nach der Gala auf den Punkt.[63]

Danach geht es für Jupp Heynckes nach Hause auf seinen Bauernhof. 68 ist der Trainer inzwischen, der immer noch so jung und vital wirkt. Damit sei er ja bereits über das Rentenalter hinaus, scherzt Heynckes.

Langweilig wird der Alltag des Erfolgscoachs im ruhigen Schwalmtal aber nicht. Heynckes hält sich nach wie vor mit Gymnastik und Krafttraining fit. In seinem parkähnlichen Garten wachsen allerlei Obstsorten, die geerntet und verarbeitet werden wollen. Marmeladekochen ist sein neues Hobby. Und dann gibt es ja auch noch seinen Schäferhund Cando, der Jupp Heynckes auf Schritt und Tritt folgt. Gemeinsam machen die beiden viele Spaziergänge.

»Ich genieße heute ein Leben ohne Zeitdruck«, sagt Heynckes, der dem Fußball nach wie vor die Treue hält.[64] Alle Spiele sieht er sich nicht mehr an, nur die wichtigen. Etwa die Partien von Real, wo sein einstiger Schützling Toni Kroos inzwischen spielt. Auch Spiele von Juventus Turin verfolgt der Fußballfachmann.

Alles in allem lässt Jupp es im Ruhestand entspannter angehen. Er verreist mit seiner Frau Iris nach Südfrankreich oder an den Gardasee, fährt öfter mal nach Hamburg, um Tochter Kerstin zu besuchen. Natürlich bekommt der Erfolgscoach auch immer wieder Angebote von Fernsehsendern oder großen Clubs, die ihn aus dem Ruhestand reaktivieren möchten. Doch die lehnt Heynckes allesamt ab. Die Begründung: »Ich kann meinen Hund nicht allein lassen.«[65]

Nach dem Bambi 2013 erhält Jupp Heynckes am 13. März 2016 noch eine ganz besondere Auszeichnung. Ein paar Wochen vor seinem 71. Geburtstag verleiht ihm Oberbürgermeister Hans-Wilhelm Reiners den Ehrenbürgerring der Stadt Mönchengladbach. Diese Auszeichnung ist nicht nur für Heynckes ein besonderer Moment. Auch für Uli Hoeneß soll dieser Abend ein ganz wichtiger werden. Nach seiner Haftstrafe ist es einer der ersten öffentliche Auftritte des ehemaligen Bayernpräsidenten – und sicherlich der emotionalste. Jupp Heynckes hat sich gewünscht, dass sein Freund Uli die Laudatio für ihn hält. Er hätte sich keinen besseren auswählen können.

Ehrlich und aufrichtig steht Hoeneß am Rednerpult. Er wirkt geläutert, spricht kurz über seine Fehler der Vergangenheit und kommt schnell zu seinem Freund Jupp, der immer für ihn da war. Und auch für seine Frau, um ihr Beistand zu leisten, während Hoeneß selbst im Gefängnis saß. Uli Hoeneß bedankt sich bei seinem Freund, den er »als Vorbild an Willen, Ehrgeiz, aber auch Menschlichkeit« bezeichnet.[66] Hoeneß' letzter Satz könnte trefflicher kaum formuliert sein: »Ich möchte mich vor deinem Lebenswerk verneigen«, sagt Uli Hoeneß und zeigt seinem Freund, wie tief seine Anerkennung für ihn geht.[67]

KAPITEL 6

EINMAL GEHT NOCH – FC BAYERN DIE VIERTE

Vielleicht liegt es ja an dieser tiefen Anerkennung, die die beiden Freunde Jupp und Uli so sehr verbindet. Die beiden halten zueinander. In guten wie in schlechten Zeiten.

So sagt Jupp Heynckes nach kurzer Bedenkzeit zu, als sein Freund Uli Hoeneß im Oktober 2017 bei ihm anklopft. Der Ruhestand scheint vergessen. Seinem guten Freund und langen Weggefährten kann Heynckes einfach nichts abschlagen. Seine Frau und Tochter sind einverstanden, ja, sie raten ihm sogar, das Angebot anzunehmen. Als dann Cando auch noch seine Zustimmung gibt, weiß Jupp Heynckes, was zu tun ist.

Und dann geht wieder einmal alles ganz schnell. Der ehemalige Trainer Carlo Ancelotti ist kaum ein paar Tage aus dem Amt, als Jupp Heynckes schon in München vorgestellt wird. Uli Hoeneß, Karl-Heinz Rummenigge und Sportdirektor Hasan Salihamidžić sprechen von einer einstimmigen Entscheidung. Zuerst waren ja Julian Nagelsmann von der TSG Hoffenheim und Ex-Dortmund-Coach Thomas Tuchel bei den Bayern im Gespräch. Die Entscheidung fällt dann aber zu Heynckes' Gunsten aus, der für den FC Bayern wieder einmal der ideale Trainer zu sein scheint.

Wie man den detailorientierten Perfektionisten kennt, möchte er am Anfang erst einmal eine tief gehende Analyse durchführen. Außerdem will Heynckes »Ordnung schaffen« und die »Situation entkrampfen«.[68]

Was ihm auch ziemlich gut zu gelingen scheint. Der 5:0-Auftaktsieg gegen Freiburg erinnert gleich an noch nicht so lange vergangene Zeiten. Und auch in der Champions League läuft es unter Heynckes wieder wie geschmiert. Mit dem 3:0 gegen Glasgow kommen bei so manchem sogar die ersten Triple-Träume durch. Es fühlt sich fast so an, als wäre Heynckes nie weg gewesen. Der FC Bayern bleibt zwar weiterhin siegreich, von Titeln und europäischer Spitze will der Trainer jedoch vorerst nichts hören.

Stattdessen will sich Jupp Heynckes auf seine Arbeit konzentrieren und den FC Bayern mit viel Fingerspitzengefühl und Erfahrung Schritt für Schritt besser machen. Das ist es, was er kann wie kein zweiter. Im Umgang mit den nicht immer einfachen Profis ist Jupp Heynckes absoluter Experte. Er weiß, wann Zuckerbrot gefragt ist und wann die Peitsche. Der 72-Jährige findet stets den richtigen Ton. Er kann loben und vermitteln, aber auch beherzt durchgreifen, ohne seine Sachlichkeit zu verlieren. Zudem kennen viele der Spieler ihren alten Lehrmeister noch und bringen ihm höchsten Respekt entgegen. All das sind Qualitäten, die der FC Bayern jetzt dringend braucht. Mit Jupp Heynckes haben die Münchner wieder einen fast perfekten Trainer in ihren Reihen, der sämtliche Risiken peu à peu aus dem Weg räumen und die Mannschaft zu alter Größe zurückführen soll.

Vielleicht klappt es ja am Ende doch mit dem einen oder anderen Titel. Schließlich sagt Heynckes selbst: »Ich persönlich bin immer Optimist gewesen.«[69]

So wie man ihn kennt, will er sicher noch einmal alles aus der Mannschaft herausholen. Und wer weiß? Vielleicht gelingt ihm im Spätherbst seiner Karriere ja noch einmal die ganz große Sensation. Wem sonst, wenn nicht dem ewigen Optimisten Jupp Heynckes?

QUELLEN

Anmerkungen

1. Sportmagazin kicker Legenden & Idole Jupp Heynckes als Spieler und als Trainer in der Weltklasse Biografie IV.
2. Heynckes-Geständnis. »Als Kind war ich Geldeintreiber ... für den Tante-Emma-Laden meiner Mutter. Von Kai Psotta. http://www.bild.de/sport/fussball/jupp-heynckes/als-kind-war-er-geldeintreiber-27768998.bild.html. Stand: 21.12.2012.
3. Sportmagazin kicker Legenden & Idole Jupp Heynckes als Spieler und als Trainer in der Weltklasse Biografie IV.
4. Ebd.
5. Erkennen Sie Jupp Heynckes wieder, Herbert Laumen? »Als junger Trainer war er schwierig«. Von Stefan Hermanns. https://www.11freunde.de/interview/erkennen-sie-jupp-heynckes-wieder-herbert-laumen. Stand: 17.05.2013.
6. Ebd.
7. Sportmagazin kicker Legenden & Idole Jupp Heynckes als Spieler und als Trainer in der Weltklasse Biografie IV.
8. Dank Hoeneß der beste Bayern-Trainer aller Zeiten. Von Christian Spiller. http://www.zeit.de/sport/2013-04/heynckes-bayern-hoeness-guardiola. Stand: 11.04.2013.
9. Sportmagazin kicker Legenden & Idole Jupp Heynckes als Spieler und als Trainer in der Weltklasse Biografie IV.
10. Ebd.
11. Ebd.
12. Ebd.
13. vgl. Die Rückkehr des Triple-Trainers. https://www.br.de/mediathek/video/jupp-heynckes-die-rueckkehr-des-triple-trainers-av:59d78d00eaa4f20012b0711d. Stand: 07.10.2017.

14. Ich spiel' dann jetzt. Von Christian Eichler. http://www.faz.net/aktuell/sport/fussball/netzers-selbsteinwechslung-ich-spiel-dann-jetzt-15124958.html. Stand: 31.07.2017, aufgerufen am 24.10.2017
15. Sportmagazin kicker Legenden & Idole Jupp Heynckes als Spieler und als Trainer in der Weltklasse Biografie IV.
16. Trainerporträt: Jupp Heynckes http://spielverlagerung.de/2017/10/05/trainerportraet-jupp-heynckes/ . Stand: 05.10.2017, aufgerufen am: 25.10.2017
17. Ebd.
18. Ebd.
19. Sportmagazin kicker Legenden & Idole Jupp Heynckes als Spieler und als Trainer in der Weltklasse Biografie IV.
20. Ebd.
21. Trainerporträt: Jupp Heynckes. http://spielverlagerung.de/2017/10/05/trainerportraet-jupp-heynckes/. Stand: 05.10.2017, aufgerufen am: 25.10.2017
22. Ebd.
23. »Ich tobe mich bis an die Grenzen aus«. http://www.spiegel.de/spiegel/print/d-13524184.html. Stand: 05.10.1987, aufgerufen am: 28.10.2017
24. Trainerporträt: Jupp Heynckes. http://spielverlagerung.de/2017/10/05/trainerportraet-jupp-heynckes/ . Stand: 05.10.2017, aufgerufen am: 25.10.2017
25. »Ich tobe mich bis an die Grenzen aus« . http://www.spiegel.de/spiegel/print/d-13524184.html. Stand: 05.10.1987, aufgerufen am: 28.10.2017
26. Trainerporträt: Jupp Heynckes. http://spielverlagerung.de/2017/10/05/trainerportraet-jupp-heynckes/ . Stand: 05.10.2017, aufgerufen am: 25.10.2017
27. Die Rückkehr des Triple-Trainers. https://www.br.de/mediathek/video/jupp-heynckes-die-rueckkehr-des-triple-trainers-av:59d78d00eaa4f20012b0711d .Stand: 07.10.2017, aufgerufen am: 29.10.2017
28. Sportmagazin kicker Legenden & Idole Jupp Heynckes als Spieler und als Trainer in der Weltklasse Biografie IV.
29. Daum kontra Hoeneß in voller Länge (1989 im aktuellen sportstudio). https://www.youtube.com/watch?v=aO27lkFlhBE . Stand: 24.11.2011, aufgerufen am: 29.10.2017
30. Ebd.
31. Ebd.
32. Sportmagazin kicker Legenden & Idole Jupp Heynckes als Spieler und als Trainer in der Weltklasse Biografie IV.
33. Trainerporträt: Jupp Heynckes. http://spielverlagerung.de/2017/10/05/trainerportraet-jupp-heynckes/ . Stand: 05.10.2017, aufgerufen am: 25.10.2017
34. Die Rückkehr des Triple-Trainers. https://www.br.de/mediathek/video/jupp-heynckes-die-rueckkehr-des-triple-trainers-av:59d78d00eaa4f20012b0711
35. Sportmagazin kicker Legenden & Idole Jupp Heynckes als Spieler und als Trainer in der Weltklasse Biografie IV.

36. Die Rückkehr des Triple-Trainers. https://www.br.de/mediathek/video/jupp-heynckes-die-rueckkehr-des-triple-trainers-av:59d78d00eaa4f20012b0711d . Stand: 07.10.2017, aufgerufen am: 30.10.2017

37. Sportmagazin kicker Legenden & Idole Jupp Heynckes als Spieler und als Trainer in der Weltklasse Biografie IV.

38. Ebd.

39. Ebd.

40. Jupp und wie er die Welt sah. Von Stephan Reich . https://www.11freunde.de/artikel/als-die-aera-heynckes-frankfurt-endete . Stand: 02.04.2015, aufgerufen am: 30.10.2017

41. Sportmagazin kicker Legenden & Idole Jupp Heynckes als Spieler und als Trainer in der Weltklasse Biografie IV.

42. »In den Vorstandsetagen hielten sich einige für Halbgötter« . Von Yannick Frei. http://www.realtotal.de/in-den-vorstandsetagen-hielten-sich-einige-fur-halbgotter/ . Stand: 18.03.2015, aufgerufen am: 31.10.2017

43. Sportmagazin kicker Legenden & Idole Jupp Heynckes als Spieler und als Trainer in der Weltklasse Biografie IV.

44. Torfall von Madrid. https://de.wikipedia.org/wiki/Torfall_von_Madrid . Stand: 29.01.2017, aufgerufen am: 01.11.2017

45. Jupps kurioseste Erlebnisse als Coach. https://www.tz.de/sport/fc-bayern/jupp-heynckes-kurioseste-erlebnisse-coach-2912345.html . Stand: 17.05.2013, aufgerufen am: 01.11.2017

46. »In den Vorstandsetagen hielten sich einige für Halbgötter« . Von Yannick Frei. http://www.realtotal.de/in-den-vorstandsetagen-hielten-sich-einige-fur-halbgotter/ . Stand: 18.03.2015, aufgerufen am: 31.10.2017

47. Ebd.

48. Schwarzer Tag für Jupp Heynckes . http://www.spiegel.de/sport/fussball/benfica-lissabon-schwarzer-tag-fuer-jupp-heynckes-a-53884.html . Stand: 26.11.1999, aufgerufen am: 01.11.2017

49. Sportmagazin kicker Legenden & Idole Jupp Heynckes als Spieler und als Trainer in der Weltklasse Biografie IV.

50. Ebd.

51. Ebd.

52. Ebd.

53. Sportmagazin kicker Legenden & Idole Jupp Heynckes als Spieler und als Trainer in der Weltklasse Biografie IV.

54. Ebd.

55. http://www.bild.de/sport/fussball/bayern-muenchen/als-cando-zweimal-bellte-war-alles-klar-53478740.bild.html

56. Sportmagazin kicker Legenden & Idole Jupp Heynckes als Spieler und als Trainer in der Weltklasse Biografie IV.

57. Die Rückkehr des Triple-Trainers. https://www.br.de/mediathek/video/jupp-heynckes-die-rueckkehr-des-triple-trainers-av:59d78d00eaa4f20012b0711d . Stand: 07.10.2017, aufgerufen am: 02.11.2017

58. Sportmagazin kicker Legenden & Idole Jupp Heynckes als Spieler und als Trainer in der Weltklasse Biografie IV.

59. Ebd.

60. Ebd.

61. Die Rückkehr des Triple-Trainers. https://www.br.de/mediathek/video/jupp-heynckes-die-rueckkehr-des-triple-trainers-av:59d78d00eaa4f20012b0711d . Stand: 07.10.2017, aufgerufen am: 04.11.2017 und Es ist noch nichts klar. http://www.faz.net/aktuell/sport/fussball/bundesliga/jupp-heynckes-bestaetigt-gespraeche-mit-fc-bayern-muenchen-15232348.html . Stand: 05.10.2017, aufgerufen am: 04.11.2017

62. Die Rückkehr des Triple-Trainers. https://www.br.de/mediathek/video/jupp-heynckes-die-rueckkehr-des-triple-trainers-av:59d78d00eaa4f20012b0711d . Stand: 07.10.2017, aufgerufen am: 04.11.2017

63. Jupp Heynckes on winning FIFA Coach of the Year (German) . https://www.youtube.com/watch?v=IH-nVJCuenk . Stand: 13.01.2014, aufgerufen am: 04.11.2017

64. Sportmagazin kicker Legenden & Idole Jupp Heynckes als Spieler und als Trainer in der Weltklasse Biografie IV.

65. Jupp lehnt Megaangebot wegen seines Hundes ab (von Walter M. Straten). http://www.bild.de/sport/fussball/bayern-muenchen/jupp-heynckes-der-grosse-53436736.bild.html . Stand: 05.10.2017, aufgerufen am: 04.11.2017

66. Hoeneß hält Gänsehaut-Laudatio auf Heynckes . Von Patrick Krull. https://www.welt.de/sport/fussball/bundesliga/fc-bayern-muenchen/article153238045/Uli-Hoeness-haelt-Gaensehaut-Laudatio-auf-Heynckes.html . Stand: 13.03.2016, aufgerufen am: 05.11.2017

67. Ebd.

68. Heynckes: Zuerst Ordnung schaffen. https://www.zdf.de/sport/jupp-heynckes-beim-fc-bayern-vorgestellt-100.html . Stand: 09.10.2017, aufgerufen am: 05.11.2017

69. Die Rückkehr des Triple-Trainers. https://www.br.de/mediathek/video/jupp-heynckes-die-rueckkehr-des-triple-trainers-av:59d78d00eaa4f20012b0711d . Stand: 07.10.2017, aufgerufen am: 05.11.2017

Sonstige Quellen

Vorwort

Bei Jupp Heynckes dahoam – die #FCBNews vom 19.05
https://www.youtube.com/watch?v=WeKoO7BBOQ4
Stand: 19.05.2017, aufgerufen am: 05.11.2017

Sportmagazin kicker Legenden & Idole Jupp Heynckes als Spieler und als Trainer in der Weltklasse Biografie IV.

Die Rückkehr des Triple-Trainers
https://www.br.de/mediathek/video/jupp-heynckes-die-rueckkehr-des-triple-trainers-av:59d78d00eaa4f20012b0711d
Stand: 07.10.2017, aufgerufen am: 05.11.2017

Kapitel 1

Sportmagazin kicker Legenden & Idole Jupp Heynckes als Spieler und als Trainer in der Weltklasse Biografie IV.

Heynckes-Geständnis. »Als Kind war ich Geldeintreiber … für den Tante-Emma-Laden meiner Mutter« (von Kai Psotta)
http://www.bild.de/sport/fussball/jupp-heynckes/als-kind-war-er-geldeintreiber-27768998.bild.html)
Stand: 21.12.2012., aufgerufen am: 23.10.2017

Erkennen Sie Jupp Heynckes wieder, Herbert Laumen? »Als junger Trainer war er schwierig« (von Stefan Hermanns)
https://www.11freunde.de/interview/erkennen-sie-jupp-heynckes-wieder-herbert-laumen)
Stand: 17.05.2013, aufgerufen am: 23.10.2017

Kapitel 2

Die Rückkehr des Triple-Trainers.
https://www.br.de/mediathek/video/jupp-heynckes-die-rueckkehr-des-triple-trainers-av:59d78d00eaa4f20012b0711d)
Stand: 07.10.2017, aufgerufen am: 23.10.2017

»Ich tobe mich bis an die Grenzen aus«
http://www.spiegel.de/spiegel/print/d-13524184.html
Stand: 05.10.1987

Borussia Mönchengladbach Die Geburt der Fohlen-Elf (von Thomas Grulke)
http://www.rp-online.de/sport/fussball/borussia/1965-die-geburt-der-fohlen-elf-aid-1.5104545
Stand: 21.05.2015, aufgerufen am: 23.10.2017

Dank Hoeneß der beste Bayern-Trainer aller Zeiten (von Christian Spiller)
http://www.zeit.de/sport/2013-04/heynckes-bayern-hoeness-guardiola).
Stand: 11.04.2013, aufgerufen am: 23.10.2017

Fußball-Regionalliga 1964/65
https://de.wikipedia.org/wiki/Fu%C3%9Fball-Regionalliga_1964/65
Stand: 21.09.2017, aufgerufen am: 23.10.2017

Sportmagazin kicker Legenden & Idole Jupp Heynckes als Spieler und als Trainer in der Weltklasse Biografie IV.
Mach's noch einmal Jupp! Heynckes' einmalige Karriere
http://www.kicker.de/news/fussball/bundesliga/startseite/582129/2/slideshow_machs-nochmal-jupp-heynckes-einmalige-karriere.html
aufgerufen am: 23.10.2017
Jupp Heynckes: Vom Torjäger zum Triple-Trainer
http://www.sport.de/pe/bildershow/sl364/alles-gute-don-jupp-wird-72/#slide=3;
aufgerufen am: 23.10.2017
Borussia Mönchengladbach
https://de.wikipedia.org/wiki/Borussia_M%C3%B6nchengladbach#1965_bis_1969_.E2.80.93_Die_ersten_Jahre_in_der_Bundesliga
Stand: 06.10.2017, aufgerufen am: 23.10.2017
Liste der Torschützenkönige der Bundesliga
https://de.wikipedia.org/wiki/Liste_der_Torsch%C3%BCtzenk%C3%B6nige_der_Fu%C3%9Fball-Bundesliga
Stand: 30.08.2017, aufgerufen am: 26.10.2017
Inflationsrechner
https://inflationsrechner.list-of.info/
aufgerufen am: 26.10.2017
Das Vermögen und Gehalt von Fußballer Robert Lewandowski (von Maria)
https://www.vermoegenmagazin.de/robert-lewandowski-vermoegen/
Stand: 04.05.2017, aufgerufen am: 26.10.2017
Hannover 96
https://de.wikipedia.org/wiki/Hannover_96#1964.E2.80.931974:_Bundesliga
Stand: 23.10.2017, aufgerufen am: 23.10.2017
Spielstatistik Hannover 96 – Borussia M'Gladbach 2:3 (2:1)
http://borussia.sport-dienst.de/bundesliga/1969/6/hannover-mgladbach/
aufgerufen am: 26.10.2017
Laumen, Larnaca und ein Premieren-Tor (Karsten Kellermann)
http://www.rp-online.de/sport/fussball/borussia/laumen-larnaca-und-ein-premieren-tor-aid-1.3077468
Stand: 22.11.2012, aufgerufen am: 23.10.2017
https://www.sport.de/ro/ro/fussball/uefa-champions-league/ma294439/epa-larnaca_bor-moenchengladbach/uebersicht/
aufgerufen am: 23.10.2017
https://www.sport.de/fussball/uefa-champions-league/ma294440/bor-moenchengladbach_epa-larnaca/aufstellung/
aufgerufen am: 23.10.2017
FC Everton Borussia Mönchengladbach
https://www.fussballdaten.de/vereine/fc-everton/borussia-moenchengladbach/table/
aufgerufen am: 23.10.2017
Fußball-Bundesliga 1970/71
https://de.wikipedia.org/wiki/Fu%C3%9Fball-Bundesliga_1970/71
Stand: 22.10.2017, aufgerufen am: 23.10.2017
https://www.fussballdaten.de/bundesliga/1971/34/frankfurt-mgladbach/
aufgerufen am: 23.10.2017

https://www.fussballdaten.de/bundesliga/1971/33/mgladbach-essen/
aufgerufen am: 23.10.2017
Spielstatistik Borussia Dortmund – Borussia Mönchengladbach
http://borussia.sport-dienst.de/bundesliga/1971/32/dortmund-mgladbach/
aufgerufen am: 23.10.2017
1. Bundesliga – Bor.Mönchengladbach
http://www.kicker.de/news/fussball/bundesliga/vereine/1-bundesliga/1970-71/borussia-mgladbach-15/kader.html
aufgerufen am: 23.10.2017
Die Titelverteidigung
https://www.borussia.de/de/verein-stadion/historie/titel/meisterschaften/1971.html
aufgerufen am: 23.10.2017
Spielstatistik Inter Mailand – Borussia Mönchengladbach
http://borussia.sport-dienst.de/championsleague/1972/endrunde/achtelfinale/intermailand-mgladbach/
aufgerufen am: 24.10.2017
Borussia Mönchengladbach – Inter Mailand 7:1
https://www.youtube.com/watch?v=Nu7fFB1XDqk
Stand: 06.10.2009, aufgerufen am: 24.10.2017
https://www.fussballdaten.de/championsleague/1972/endrunde/achtelfinale/mgladbach-intermailand-1/
aufgerufen am: 24.10.2017
Fußball-Bundesliga 1971/72
https://de.wikipedia.org/wiki/Fu%C3%9Fball-Bundesliga_1971/72
Stand: 22.10.2017, aufgerufen am: 24.10.2017
Gladbach-Mythos: Der Büchsenwurf vom Bökelberg (von Sebastian Ernst)
http://www.weltfussball.de/news/_n2940471_/gladbach-mythos-der-buechsenwurf-vom-boekelberg/
Stand: 20.10.2017, aufgerufen am: 24.10.2017
Spielstatistik FC Aberdeen – Borussia M'gladbach
http://borussia.sport-dienst.de/europaleague/1973/runde1/aberdeen-mgladbach/
aufgerufen am: 24.10.2017
https://www.fussballdaten.de/europaleague/1973/runde1/mgladbach-aberdeen/
aufgerufen am: 24.10.2017
UEFA-Pokal 1972/73
https://de.wikipedia.org/wiki/UEFA-Pokal_1972/73
Stand: 08.09.2017, aufgerufen am: 24.10.2017
Die ersten internationalen Endspiele
https://www.borussia.de/de/verein-stadion/historie/titel/internationale-finalteilnahmen/uefa-cup-1973.html
aufgerufen am: 24.10.2017
Spielstatistik Hvidovre IF – Borussia M'gladbach
http://borussia.sport-dienst.de/europaleague/1973/runde2/hvidovre-mgladbach/
aufgerufen am: 24.10.2017
Spielstatistik Borussia M'gladbach – Hvidovre IF
http://borussia.sport-dienst.de/europaleague/1973/runde2/mgladbach-hvidovre/
aufgerufen am: 24.10.2017

Borussia Mönchengladbach – 1.FC Köln
http://borussia.sport-dienst.de/europaleague/1973/achtelfinale/mgladbach-fckoeln/
aufgerufen am: 24.10.2017
Borussia Mönchengladbach – 1.FC Kaiserslautern
http://borussia.sport-dienst.de/europaleague/1973/viertelfinale/mgladbach-klautern/
aufgerufen am: 24.10.2017
1.FC Kaiserslautern – Borussia Mönchengladbach 1:2 (1:2)
https://www.der-betze-brennt.de/spiele/19721973/uefa_gladbach_h/statistik.php
aufgerufen am: 24.10.2017
FC Twente Enschede – Borussia Mönchengladbach
http://borussia.sport-dienst.de/europaleague/1973/halbfinale/enschede-mgladbach/
aufgerufen am: 24.10.2017
https://www.fussballdaten.de/europaleague/1973/halbfinale/mgladbach-enschede/
aufgerufen am: 24.10.2017
Ich spiel' dann jetzt (von Christian Eichler)
http://www.faz.net/aktuell/sport/fussball/netzers-selbsteinwechslung-ich-spiel-dann-jetzt-15124958.html
Stand: 31.07.2017, aufgerufen am: 24.10.2017
Februar 1973 – Jupp Heynckes
http://www.sportschau.de/sendung/tdm/archiv/chronik70er/februar73tdm100.html
aufgerufen am: 24.10.2017
Mai 1973 – Jupp Heynckes
http://www.sportschau.de/sendung/tdm/archiv/chronik70er/mai73tdm100.html
aufgerufen am: 24.10.2017
DFB-Pokalendspiel 1973
https://de.wikipedia.org/wiki/DFB-Pokal-Endspiel_1973
Stand: 08.09.2017, aufgerufen am: 24.10.2017
DFB-Pokal 1972/73
https://de.wikipedia.org/wiki/DFB-Pokal_1972/73
Stand: 08.09.2017, aufgerufen am: 24.10.2017
Alle Torschützen des DFB-Pokals 1972/73
https://www.fussballdaten.de/dfb-pokal/1973/statistik/?sort=-scorer
aufgerufen am: 24.10.2017
Liste der Torschützenkönige der Fußball-Bundesliga
https://de.wikipedia.org/wiki/Liste_der_Torsch%C3%BCtzenk%C3%B6nige_der_Fu%C3%9Fball-Bundesliga
Stand: 30.08.2017, aufgerufen am: 24.10.2017
Fußball-Bundesliga 1973/74
https://de.wikipedia.org/wiki/Fu%C3%9Fball-Bundesliga_1973/74
Stand: 12.09.2017, aufgerufen am: 24.10.2017
Finalrückspiel eine Vorführung
https://www.borussia.de/de/verein-stadion/historie/titel/uefa-pokal-siege/1975.html
aufgerufen am: 24.10.2017
Als Jupp Heynckes die Bayern schlug (von Ben Redelings)
http://www.n-tv.de/sport/fussball/55-jahre-bundesliga/Als-Jupp-Heynckes-die-Bayern-schlug-article20069517.html
Stand: 07.10.2017, aufgerufen am: 24.10.2017

UEFA-Pokal 1974/75
https://de.wikipedia.org/wiki/UEFA-Pokal_1974/75
Stand: 06.09.2017, aufgerufen am: 24.10.2017
Fußball-Bundesliga 1974/75
https://de.wikipedia.org/wiki/Fu%C3%9Fball-Bundesliga_1974/75
Stand: 12.09.2017, aufgerufen am: 24.10.2017
Gladbachs gestohlenes Wunder (von Harry Walstra)
http://www.spiegel.de/sport/fussball/drama-in-madrid-gladbachs-gestohlenes-wunder-a-375603.html
Stand: 29.09.2005, aufgerufen am: 24.10.2017
Europapokal der Landesmeister 1975/76
https://de.wikipedia.org/wiki/Europapokal_der_Landesmeister_1975/76
Stand: 05.09.2017, aufgerufen am: 24.10.2017
Fußball-Bundesliga 1975/76
https://de.wikipedia.org/wiki/Fu%C3%9Fball-Bundesliga_1975/76
Stand: 11.09.2017, aufgerufen am: 24.10.2017
Borussia Mönchengladbach 1976/77
https://www.fussballdaten.de/vereine/borussia-moenchengladbach/1977/
aufgerufen am: 25.10.2017
Fußball-Bundesliga 1976/77
https://de.wikipedia.org/wiki/Fu%C3%9Fball-Bundesliga_1976/77
Stand: 04.09.2017, aufgerufen am: 25.10.2017
Europapokal der Landesmeister 1976/77
https://de.wikipedia.org/wiki/Europapokal_der_Landesmeister_1976/77
Stand: 04.09.2017, aufgerufen am: 25.10.2017
Der legendäre Jupp Heynckes
http://www.bundesliga.com/de/bundesliga/news/der-legendaere-jupp-heynckes-bundesliga-adventskalender-noblmd15.jsp
Stand: 07.12.2015, aufgerufen am: 25.10.2017
Zweites Finalduell gegen den FC Liverpool
https://www.borussia.de/de/verein-stadion/historie/titel/internationale-finalteilnahmen/europapokal-der-landesmeister-1977.html
aufgerufen am: 25.10.2017
Borussia Mönchengladbach – Borussia Dortmund 12:0
https://www.youtube.com/watch?v=Sal5dUyoOeQ
Stand: 28.02.2012, aufgerufen am: 25.10.2017
Jupp Heynckes
https://de.wikipedia.org/wiki/Jupp_Heynckes
Stand: 21.10.2017, aufgerufen am: 25.10.2017
Trainerporträt: Jupp Heynckes
http://spielverlagerung.de/2017/10/05/trainerportraet-jupp-heynckes/
Stand: 05.10.2017, aufgerufen am: 25.10.2017
04/11/1970 Everton vs Borussia Monchengladbach
https://www.youtube.com/watch?v=o-9NVX6Csq0
Stand: 16.05.2013
https://www.fussballdaten.de/bundesliga/1971/23/mgladbach-bmuenchen/
aufgerufen am: 26.10.2017

Liverpool vs Borussia Monchengladbach
https://www.youtube.com/watch?v=Yp9mtHTiME4
Stand: 08.03.2013, aufgerufen am: 25.10.2017
Spielstatistik Borussia M'Gladbach – Real Saragossa 5:0 (4:0)
http://borussia.sport-dienst.de/europaleague/1975/achtelfinale/mgladbach-saragossa/
aufgerufen am: 27.10.2017
https://www.fussballdaten.de/europaleague/1975/achtelfinale/saragossa-mgladbach/
aufgerufen am: 27.10.2017
https://www.fussballdaten.de/europaleague/1975/viertelfinale/mgladbach-ostrava/
aufgerufen am: 27.10.2017
https://www.fussballdaten.de/europaleague/1975/viertelfinale/ostrava-mgladbach/
aufgerufen am: 27.10.2017
FC Twente – Borussia Mönchengladbach UEFA Cup Final 1975
https://www.youtube.com/watch?v=QTntE_pNyTk
Stand: 18.09.2012, aufgerufen am: 27.10.2017

Kapitel 3

Trainerporträt: Jupp Heynckes
http://spielverlagerung.de/2017/10/05/trainerportraet-jupp-heynckes/
Stand: 05.10.2017, aufgerufen am: 25.10.2017
Sportmagazin kicker Legenden & Idole Jupp Heynckes als Spieler und als Trainer in der Weltklasse Biografie IV.
Wuttke: Die Wahrheit über Heynckes' Spitzname »Osram«
https://www.tz.de/sport/fc-bayern/wuttke-wahrheit-ueber-heynckes-spitzname-osram-1616802.html
Stand: 27.02.2012, aufgerufen am: 25.10.2017
Bittere Pille
http://www.spiegel.de/spiegel/print/d-13509903.html
Stand: 28.05.1984, aufgerufen am: 25.10.2017
DFB-Pokal 1983/84
https://de.wikipedia.org/wiki/DFB-Pokal_1983/84#Finale
Stand: 11.09.2017, aufgerufen am: 25.10.2017
Elfmeterschießen M'Gladbach FC Bayern DFB-Pokalfinale
https://www.youtube.com/watch?v=CkPxZyOdmTA
Stand: 17.10.2017, aufgerufen am: 25.10.2017
Jupp Heynckes wird 70 Das Gesicht der Bundesliga (von Alex Raack)
https://www.11freunde.de/galerie/jupp-heynckes-wird-70
Stand: 09.05.2015, aufgerufen am: 27.10.2017
Heynckes' Stärken, Heynckes' Schwächen (von Florian Kinast und Christoph Leischwitz)
http://www.spiegel.de/sport/fussball/jupp-heynckes-beim-fc-bayern-muenchen-seine-staerken-und-schwaechen-a-1171364.html
Stand: 05.10.2017, aufgerufen am: 05.11.2017
Inter – Borussia Monchengladbach 2-3 Coppa U.E.F.A. 1979-80 – 16imi die finale – ritorno
https://www.youtube.com/watch?v=dOxweSvHOPo
Stand: 02.05.2013, aufgerufen am: 28.10.2017

Borussia Mönchengladbach
https://de.wikipedia.org/wiki/Borussia_M%C3%B6nchengladbach#2010_bis_2017_.E2.80.93_Vom_Tabellenende_zu_neuen_Vereinsrekorden
Stand: 06.10.2017, aufgerufen am: 28.10.2017
Spielstatistik Inter Mailand – Borussia M'Gladbach
http://borussia.sport-dienst.de/europaleague/1980/vorrunde/runde2/intermailand-mgladbach/
aufgerufen am: 28.10.2017
UEFA-Pokal 1979/80
https://de.wikipedia.org/wiki/UEFA-Pokal_1979/80
Stand: 05.10.2017, aufgerufen am: 28.10.2017
07/05/1980 Borussia Monchengladbach v Eintracht Frankfurt
https://www.youtube.com/watch?v=YiYi1O-LhOo
Stand: 21.12.2013, aufgerufen am: 28.10.2017
Borussia Mönchengladbach/Namen und Zahlen
https://de.wikipedia.org/wiki/Borussia_M%C3%B6nchengladbach/Namen_und_Zahlen#.C3.9Cbersicht_der_Liga-Platzierungen_seit_1900_bis_zur_Saison_2013.2F14
Stand: 04.09.2017, aufgerufen am: 28.10.2017
Borussia Mönchengladbach – Real Madrid 1985 5:1 alle Tore
https://www.youtube.com/watch?v=xcJhbhtmmng
Stand: 14.05.2010, aufgerufen am: 28.10.2017
Spielstatistik Borussia M'Gladbach – Real Madrid 5:1 (2:0)
http://borussia.sport-dienst.de/europaleague/1986/endrunde/achtelfinale/mgladbach-rmadrid/
aufgerufen am: 28.10.2017
Spielstatistik Real Madrid – Borussia M'Gladbach 4:0 (2:0)
http://borussia.sport-dienst.de/europaleague/1986/endrunde/achtelfinale/rmadrid-mgladbach/
aufgerufen am: 28.10.2017
»Ich tobe mich bis an die Grenzen aus«
http://www.spiegel.de/spiegel/print/d-13524184.html
Stand: 05.10.1987, aufgerufen am: 28.10.2017
FC Bayern München
https://de.wikipedia.org/wiki/FC_Bayern_M%C3%BCnchen#1979_bis_1991_.E2.80.93_Der_Erfolg_kommt_zur.C3.BCck
Stand: 26.10.2017, aufgerufen am: 28.10.2017
Inter – Bayern 1:3 – 07.12.1988
https://www.youtube.com/watch?v=6gllwhatyms
Stand: 19.04.2010, aufgerufen am: 29.10.2017
https://www.fussballdaten.de/europaleague/1989/endrunde/achtelfinale/intermailand-bmuenchen/
aufgerufen am: 29.10.2017
5.4.1989 Neapel – FC Bayern 2:0
https://www.youtube.com/watch?v=bx4Z20tAQLE
Stand: 13.04.2015, aufgerufen am: 29.10.2017
https://www.fussballdaten.de/europaleague/1989/endrunde/halbfinale/neapel-bmuenchen/
aufgerufen am: 29.10.2017

https://www.fussballdaten.de/europaleague/1989/endrunde/halbfinale/bmuenchen-neapel/
aufgerufen am: 29.10.2017

Als Diego Maradona in München tanzte
http://www.sueddeutsche.de/sport/fc-bayern-gegen-ssc-neapel-als-diego-maradona-in-muenchen-tanzte-1.1167918
Stand: 18.10.2011, aufgerufen am: 29.10.2017

UEFA-Pokal 1988/89
https://de.wikipedia.org/wiki/UEFA-Pokal_1988/89
Stand: 14.08.2017, aufgerufen am: 29.10.2017

Bayern-Monaco Napoli 2-2 Copa Uefa 1988-89 semifinali retorno
https://www.youtube.com/watch?v=v4iiGqe-qYs
Stand: 02.10.2011, aufgerufen am: 29.10.2017

Fußball-Bundesliga 1988/89
https://de.wikipedia.org/wiki/Fu%C3%9Fball-Bundesliga_1988/89
aufgerufen am: 29.10.2017
https://www.fussballdaten.de/bundesliga/1989/31/fckoeln-bmuenchen/
aufgerufen am: 29.10.2017

25.05.1989 31. Spieltag 1. FC Köln – FC Bayern 1:3
https://www.youtube.com/watch?v=sZnFfeC5m1s
Stand: 25.05.1989, aufgerufen am: 29.10.2017
https://www.fussballdaten.de/championsleague/1990/endrunde/viertelfinale/eindhoven-bmuenchen/
aufgerufen am: 29.10.2017
https://www.fussballdaten.de/championsleague/1990/endrunde/viertelfinale/bmuenchen-eindhoven/
aufgerufen am: 29.10.2017
https://www.fussballdaten.de/championsleague/1990/endrunde/halbfinale/bmuenchen-acmailand/
aufgerufen am: 29.10.2017

Fußball-Bundesliga 1989/90
https://de.wikipedia.org/wiki/Fu%C3%9Fball-Bundesliga_1989/90
Stand: 11.09.2017, aufgerufen am: 29.10.2017

Roter Stern Belgrad – FC Bayern (24.04.1991)
https://www.youtube.com/watch?v=OFlBTJLyM-Q
Stand: 19.04.2011, aufgerufen am: 29.10.2017

Europapokal der Landesmeister 1989/90
https://de.wikipedia.org/wiki/Europapokal_der_Landesmeister_1989/90
Stand: 11.08.2017, aufgerufen am: 29.10.2017

Die Rückkehr des Triple-Trainers
https://www.br.de/mediathek/video/jupp-heynckes-die-rueckkehr-des-triple-trainers-av:59d78d00eaa4f20012b0711d)
Stand: 07.10.2017, aufgerufen am: 29.10.2017

Jupp Heynckes' Trainerstationen in 34 Jahren
http://www.kicker.de/news/fussball/bundesliga/startseite/artikel/507907/
Stand: 06.10.2017, aufgerufen am: 30.10.2017

Jupp und wie er die Welt sah (von Stephan Reich)
https://www.11freunde.de/artikel/als-die-aera-heynckes-frankfurt-endete

Stand: 02.04.2015, aufgerufen am: 30.10.2017

Eintracht Frankfurt trennt sich von seinen Stars Yeboah, Okocha und Gaudino Die Revolution entlässt ihre Kinder (von Michael Jahn)
https://www.berliner-zeitung.de/eintracht-frankfurt-trennt-sich-von-seinen-stars-yeboah--okocha-und-gaudino-die-revolution-entlaesst-ihre-kinder-17327838
Stand: 05.12.1994, aufgerufen am: 31.10.2017

Juan Antonio Pizzi
https://www.transfermarkt.de/juan-antonio-pizzi/profil/trainer/10838
aufgerufen am: 31.10.2017

UEFA-Cup 1996/97 Tenerife – Schalke 1-0 (08.04.1997)
https://www.youtube.com/watch?v=E-tzj7JTh1Q
Stand: 16.06.2012, aufgerufen am: 31.10.2017
https://www.fussballdaten.de/europaleague/1997/endrunde/halbfinale/teneriffa-schalke/
aufgerufen am: 31.10.2017
https://www.fussballdaten.de/europaleague/1997/endrunde/halbfinale/schalke-teneriffa/
aufgerufen am: 31.10.2017

1997 April 22 Schalke Germany 2 Tenerife Spain 0 UEFA Cup
https://www.youtube.com/watch?v=lCrdHMfjVlw
Stand: 18.12.2012, aufgerufen am: 31.10.2017

UEFA-Pokal 1996/97
https://de.wikipedia.org/wiki/UEFA-Pokal_1996/97
Stand: 28.07.2017, aufgerufen am: 31.10.2017

»In den Vorstandsetagen hielten sich einige für Halbgötter« (Yannick Frei)
http://www.realtotal.de/in-den-vorstandsetagen-hielten-sich-einige-fur-halbgotter/
Stand: 18.03.2015, aufgerufen am: 31.10.2017

Primera División 1998
http://www.resultados-futbol.com/primera1998/grupo1/jornada1
aufgerufen am: 31.10.2017

1997 – 98 Copa del Rey
https://en.wikipedia.org/wiki/1997%E2%80%9398_Copa_del_Rey
Stand: 19.08.2017, aufgerufen am: 31.10.2017

Torfall von Madrid
https://de.wikipedia.org/wiki/Torfall_von_Madrid
Stand: 29.01.2017, aufgerufen am: 01.11.2017

»Jauch rettete mich vorm medialen Selbstmord« (von Sven Flohr)
https://www.welt.de/sport/article1855367/Jauch-rettete-mich-vorm-medialen-Selbstmord.html
Stand: 01.04.2008, aufgerufen am: 01.11.2017

Jupp kurioseste Erlebnisse als Coach
https://www.tz.de/sport/fc-bayern/jupp-heynckes-kurioseste-erlebnisse-coach-2912345.html
Stand: 17.05.2013, aufgerufen am: 01.11.2017

UEFA Champions League 1997/98
https://de.wikipedia.org/wiki/UEFA_Champions_League_1997/98
Stand: 26.07.2017, aufgerufen am: 01.11.2017
https://www.transfermarkt.de/real-madrid_borussia-dortmund/index/spielbericht/1069418
aufgerufen am: 01.11.2017

Real Madrid v. Borussia Dormund 01.04.1998 Champions League 1997/1998 Semifinal
http://www.dailymotion.com/video/xz7e5k
aufgerufen am: 01.11.2017

Real Madrid vs Juventus 1-0 UCL Final 1998 – Full Highlights
https://www.youtube.com/watch?v=dcFJNPnE-Ns
Stand: 07.05.2015, aufgerufen am: 01.11.2017

Schwarzer Tag für Jupp Heynckes
http://www.spiegel.de/sport/fussball/benfica-lissabon-schwarzer-tag-fuer-jupp-heynckes-a-53884.html
Stand: 26.11.1999, aufgerufen am: 01.11.2017

2000 – 2001 S.L Benfica season
https://en.wikipedia.org/wiki/2000%E2%80%9301_S.L._Benfica_season#August.E2.80.93October
Stand: 17.06.2017, auferufen am: 01.11.2017
http://www.sueddeutsche.de/sport/jupp-heynckes-nimmersatt-vom-bauernhof-1.1074869-13
aufgerufen am: 01.11.2017

Historia del Athletic Club
https://es.wikipedia.org/wiki/Historia_del_Athletic_Club#El_nuevo_Athletic_de_Jupp_Heynckes
Stand: 21.10.2017, aufgerufen am: 01.11.2017

Copa del Rey 2001/02
https://de.wikipedia.org/wiki/Copa_del_Rey_2001/02
Stand: 21.06.2017, aufgerufen am: 01.11.2017

Primera División 2002/03
https://de.wikipedia.org/wiki/Primera_Divisi%C3%B3n_2002/03
Stand: 22.06.2017, aufgerufen am: 01.11.2017

Die Wahrheit über Jupp (von Lars Wallrodt, Lars Gartenschläger)
https://www.welt.de/print/wams/sport/article13194336/Die-Wahrheit-ueber-Jupp.html
Stand: 17.04.2011, aufgerufen am: 02.11.2017

Jupp lehnte Mega-Angebot wegen seines Hundes ab (von Walter M. Straten)
http://www.bild.de/sport/fussball/bayern-muenchen/jupp-heynckes-der-grosse-53436736.bild.html
Stand: 05.10.2017, aufgerufen am: 02.11.2017

Als Cando zweimal bellte, war alles klar
http://www.bild.de/sport/fussball/bayern-muenchen/als-cando-zweimal-bellte-war-alles-klar-53478740.bild.html
Stand: 09.10.2017, aufgerufen am: 02.11.2017

Kapitel 4

Heynckes' Trainerstationen in 34 Jahren
http://www.kicker.de/news/fussball/bundesliga/startseite/artikel/507907/
Stand: 06.10.2017, aufgerufen am: 01.11.2017

Sportmagazin kicker Legenden & Idole Jupp Heynckes als Spieler und als Trainer in der Weltklasse Biografie IV.

Trainerporträt: Jupp Heynckes
http://spielverlagerung.de/2017/10/05/trainerportraet-jupp-heynckes/
Stand: 05.10.2017, aufgerufen am: 02.11.2017

Dank Hoeneß der beste Bayern-Trainer aller Zeiten (von Christian Spiller)
http://www.zeit.de/sport/2013-04/heynckes-bayern-hoeness-guardiola
Stand: 11.04.2013, aufgerufen am: 02.11.2017

Wie Jupp Heynckes sich neu erfand (von Stefan Klüttermann)
http://www.rp-online.de/sport/fussball/bayern-muenchen/wie-jupp-heynckes-sich-neu-erfand-aid-1.7128141
Stand: 07.10.2017, aufgerufen am: 02.11.2017

1. Bundesliga Spieltag/Tabelle
http://www.kicker.de/news/fussball/bundesliga/spieltag/1-bundesliga/2011-12/1/0/spieltag.html
aufgerufen am: 03.11.2017

Fußball-Bundesliga 2011/12
https://de.wikipedia.org/wiki/Fu%C3%9Fball-Bundesliga_2011/12
Stand: 21.10.2017, aufgerufen am: 03.11.2017

Bayern München vs Real Madrid 2-1 Champions League 2012.flv
https://de.wikipedia.org/wiki/Fu%C3%9Fball-Bundesliga_2011/12
Stand: 18.04.2012, aufgerufen am: 03.11.2017

Die Tür zum Heimfinale ist offen – dank Gomez!
http://www.kicker.de/news/fussball/chleague/spielrunde/champions-league/2011-12/9/1429324/spielanalyse_bayern-muenchen-14_real-madrid.html
aufgerufen am: 03.11.2017

Real Madrid vs Bayern Munich 2-1 (pen 3-1) – UCL 2011/12 – Full Highlights (English Commentary) HD
https://www.youtube.com/watch?v=BeYCA6xF8OU
Stand: 19.03.2017, aufgerufen am: 03.11.2017

Nach Krimi im Bernabéu: FC Bayern steht im Finale
http://www.kicker.de/news/fussball/chleague/spielrunde/champions-league/2011-12/9/1429326/spielanalyse_real-madrid_bayern-muenchen-14.html
aufgerufen am: 03.11.2017

UEFA Champions League 2011/12
https://de.wikipedia.org/wiki/UEFA_Champions_League_2011/12
Stand: 02.11.2017, aufgerufen am: 03.11.2017

Jupp Heynckes feiert Jubiläum mit 6:1-Sieg gegen Bremen
http://www.focus.de/sport/fussball/galasieg-beim-1000-bundesliga-spiel-jupp-heynckes-feiert-jubilaeum-mit-6-1-sieg-gegen-bremen_aid_925986.html
Stand: 23.02.2013, aufgerufen am: 03.11.2017

UEFA Champions League 2012 Final: Bayern Múnich vs Chelsea (All goals and penalties)
https://www.youtube.com/watch?v=Ywe5-VsDMQg
Stand: 23.12.2012, aufgerufen am: 03.11.2017

Elfer-Drama: Drogba wird zu Bayerns Alptraum
http://www.kicker.de/news/fussball/chleague/spielrunde/champions-league/2011-12/10/1429333/spielanalyse_bayern-muenchen-14_fc-chelsea-505.html
aufgerufen am: 03.11.2017

CL Seminfinals 2013 – FC Bayern – FC Barcelona
https://www.youtube.com/watch?v=0Ye1W5imiAw
Stand: 03.05.2013, aufgerufen am: 04.11.2017

UEFA Champions League 2012/13
https://de.wikipedia.org/wiki/UEFA_Champions_League_2012/13
Stand: 23.10.2017, aufgerufen am: 04.11.2017
Fußball-Bundesliga 2012/13
https://de.wikipedia.org/wiki/Fu%C3%9Fball-Bundesliga_2012/13#Meisterschaftsentscheidung
Stand: 26.10.2017, aufgerufen am: 04.11.2017
Champions League 2013 alle Tore DortmundVSBayern München
https://www.youtube.com/watch?v=R-SYr87NIfU
Stand: 29.05.2013, aufgerufen am: 04.11.2017
Robben setzt Bayern Europas Krone auf
http://www.kicker.de/news/fussball/chleague/spielrunde/champions-league/2012-13/10/1886185/spielanalyse_borussia-dortmund-17_bayern-muenchen-14.html
aufgerufen am: 04.11.2017
3:2! - Die Bayern machen das Triple perfekt
http://www.kicker.de/news/fussball/dfbpokal/spielrunde/dfb-pokal/2012-13/6/1886616/spielanalyse_bayern-muenchen-14_vfb-stuttgart-11.html
aufgerufen am: 04.11.2017
Keine Größe: Heynckes attackiert Klopp
https://www.youtube.com/watch?v=LRIkV9ldFrc
Stand: 01.03.2013
Triple Party FC Bayern München auf dem Rathausbalkon am 02.06.2013 mit Jupp Heynckes
https://www.youtube.com/watch?v=2MUcHZ2NLAY
Stand: 02.06.2013, aufgerufen am: 04.11.2017
Heynckes widerspricht Bayern – Karriereende offen (von Julien Wolff)
https://www.welt.de/sport/fussball/bundesliga/fc-bayern-muenchen/article112868537/Heynckes-widerspricht-Bayern-Karrriereende-offen.html
Stand: 18.01.2013, aufgerufen am: 04.11.2017

Kapitel 5

Jupp Heynckes on winning FIFA Coach of the Year (German) . https://www.youtube.com/watch?v=IH-nVJCuenk
Stand: 13.01.2014, aufgerufen am: 04.11.2017)«
Jupp lehnt Megaangebot wegen seines Hundes ab (von Walter M. Straten)
http://www.bild.de/sport/fussball/bayern-muenchen/jupp-heynckes-der-grosse-53436736.bild.html
Stand: 05.10.2017, aufgerufen am: 04.11.2017
REPLAY: FIFA Ballon d'or Ceremony 2013 TV Show
https://www.youtube.com/watch?v=4RC5d5mI9PY
Stand: 13.01.2014, aufgerufen am: 04.11.2017
Sportmagazin kicker Legenden & Idole Jupp Heynckes als Spieler und als Trainer in der Weltklasse Biografie IV.
Hoeneß hält Gänsehaut-Laudatio auf Heynckes (von Patrick Krull)
https://www.welt.de/sport/fussball/bundesliga/fc-bayern-muenchen/article153238045/Uli-Hoeness-haelt-Gaensehaut-Laudatio-auf-Heynckes.html
Stand: 13.03.2016, aufgerufen am: 05.11.2017

Kapitel 6

Als Cando zweimal bellte, war alles klar
http://www.bild.de/sport/fussball/bayern-muenchen/als-cando-zweimal-bellte-war-alles-klar-53478740.bild.html
Stand: 09.10.2017, aufgerufen am: 04.11.2017

Spielplan
https://fcbayern.com/de/spielplan/profis/bundesliga
aufgerufen am: 05.11.2017

Heynckes' Stärken, Heynckes' Schwächen (Florian Kinast und Christoph Leischwitz)
http://www.spiegel.de/sport/fussball/jupp-heynckes-beim-fc-bayern-muenchen-seine-staerken-und-schwaechen-a-1171364.html
Stand: 05.10.2017, aufgerufen am: 05.11.2017

Die Rückkehr des Triple-Trainers
https://www.br.de/mediathek/video/jupp-heynckes-die-rueckkehr-des-triple-trainers-av:59d78d00eaa4f20012b0711d
Stand: 07.10.2017, aufgerufen am: 05.11.2017

Heynckes: Zuerst Ordnung schaffen
https://www.zdf.de/sport/jupp-heynckes-beim-fc-bayern-vorgestellt-100.html
Stand: 09.10.2017, aufgerufen am: 05.11.2017

DANKSAGUNG

An dieser Stelle möchte ich mich herzlich bedanken. Zuerst natürlich bei Jupp Heynckes, der sein Leben dem Fußball gewidmet hat wie kaum ein Zweiter. Jupp Heynckes hat diesen großartigen Sport über die Jahrzehnte maßgeblich mitgeprägt, modernisiert und immer noch ein Stückchen attraktiver gemacht hat. Danke dafür, und vor allem auch für den unglaublich schönen Fußball, den der FC Bayern in der Triple-Saison und der Saison zuvor gezeigt hat. Und natürlich Danke für das Triple. Eine solche Sensation gab es im deutschen Fußball noch nie und wird es vermutlich so schnell auch nicht wieder geben.

Außerdem möchte ich mich bei dem gesamten Team des riva Verlags sehr herzlich für die wunderbare Zusammenarbeit bedanken.

Wie immer gilt mein Dank auch meinen Eltern, die mir die Möglichkeit gegeben haben, mich frei zu entwickeln und das zu tun, was mir Freude bereitet.

Und natürlich Danke an den Fußball, diesen ganz besonderen Sport, der in so vielen Menschen eine Leidenschaft weckt, wie es nur wenige Dinge vermögen.